目　　次

はじめに

技能検定の概要 ……………………………………………

技能検定の受検に必要な実務経験年数一覧 ………………

都道府県及び中央職業能力開発協会所在地一覧 …………

【左官】

I　実技試験問題（令和4年度）

は　じ　め　に

　技能検定は、労働者の有する技能を一定の基準によって検定し、これを公証する国家検定制度であり、技能に対する社会一般の評価を高め、働く人々の技能と地位の向上を図ることを目的として、職業能力開発促進法に基づいて 1959 年（昭和 34 年）から実施されています。

　当研究会では、1975 年（昭和 50 年）から技能検定試験受検者の学習に資するため、過去に出題された学科試験問題（1・2 級）に解説を付して、「学科試験問題解説集」を発行しております。

　このたびさらに、令和 2・3・4 年度に出題された学科試験問題、ならびに令和 4 年度の実技試験問題を「技能検定試験問題集（正解表付き）」として発行することになりました。

　本問題集が 1 級・2 級の技能士を目指して技能検定試験を受検される多くの方々にご利用いただき、大きな成果が上がることを祈念いたします。

令和 5 年 4 月

一般社団法人 雇用問題研究会

技 能 検 定 の 概 要

1 技能検定試験の等級区分

技能検定試験は合格に必要な技能の程度を等級ごとに次のとおりに区分しています。

特　　級：検定職種ごとの管理者又は監督者が通常有すべき技能及びこれに関する知識の程度

1　　級：検定職種ごとの上級の技能労働者が通常有すべき技能及びこれに関する知識の程度

2　　級：検定職種ごとの中級の技能労働者が通常有すべき技能及びこれに関する知識の程度

3　　級：検定職種ごとの初級の技能労働者が通常有すべき技能及びこれに関する知識の程度

単一等級：検定職種ごとの上級の技能労働者が通常有すべき技能及びこれに関する知識の程度

※これらの他に外国人実習生等を対象とした基礎級があります。

2 検定試験の基準

技能検定は、実技試験及び学科試験によって行われています。

実技試験は、実際に作業などを行わせて、その技量の程度を検定する試験であり、学科試験は、技能の裏付けとなる知識について行う試験です。

実技試験及び学科試験は、検定職種の等級ごとに、それぞれの試験科目及びその範囲が職業能力開発促進法施行規則により、また、その具体的な細目が厚生労働省人材開発統括官通知により定められています。

(1) 実技試験

実技試験は、実際に作業（物の製作、組立て、調整など）を行わせて試験する、製作等作業試験が中心となっており、検定職種の大部分のものについては、その課題が試験日に先立って公表されています。

試験時間は、1級、2級及び単一等級については原則として5時間以内、3級については3時間以内が標準となっています。

また、検定職種によっては、製作等作業試験の他、実際的な能力を試験するため、次のような判断等試験又は計画立案等作業試験が併用されることがあります。

① 判断等試験

　判断等試験は、製作等作業試験のみでは技能評価が困難な場合又は検定職種の性格や試験実施技術等の事情により製作等作業試験の実施が困難な場合に用いられるもので、例えば技能者として体得していなければならない基本的な技能について、原材料、模型、写真などを受検者に提示し、判別、判断などを行わせ、その技能を評価する試験です。

② 計画立案等作業試験

　製作等作業試験、判断等試験の一方又は双方でも技能評価が不足する場合に用いられるもので、現場における実際的、応用的な課題を、表、グラフ、文章などにより設問したものを受検者に提示し、計算、計画立案、予測などを行わせることにより技能の程度を評価する試験です。

(2) 学科試験

　学科試験は、単に学問的な知識を試験するものではなく、作業の遂行に必要な正しい判断力及び知識の有無を判定することに主眼がおかれています。また、それぞれの等級における試験の概要は次表のとおりです。

　この中で、真偽法は一つの問題文の正誤を解答する形式であり、五肢択一法及び四肢択一法は一つの問題文について複数の選択肢の中から一つを選択して解答する形式です。

■学科試験の概要

等級区分	試験の形式	問題数	試験時間
特　　級	五肢択一法	50題	2時間
1　　級	真偽法及び四肢択一法	50題	1時間40分
2　　級	真偽法及び四肢択一法	50題	1時間40分
3　　級	真偽法	30題	1時間
単一等級	真偽法及び四肢択一法	50題	1時間40分

3　技能検定の受検資格

　技能検定を受検するには、原則として検定職種に関する実務の経験が必要で、その年数は職業訓練歴、学歴等により異なっています（別表1参照）。

　この実務の経験の範囲には、現場での作業のみならず管理、監督、訓練、教育及び研究の業務や訓練又は教育を受けた期間が含まれます。

4 試験の実施日程

技能検定試験は職種ごとに前期、後期に分かれていますが、日程の概要は次のとおりです。

項	前　　期	後　　期
受付期間	4月上旬～中旬	10月上旬～中旬
実技試験	6月上旬～9月上旬	12月上旬～翌年2月中旬
学科試験	8月下旬～9月上旬の日曜日 3級は7月上旬～中旬の日曜日	翌年1月下旬～2月上旬の日曜日
合格発表	10月上旬、3級は8月下旬	翌年3月中旬

※日程の詳細については都道府県職業能力開発協会（連絡先等は別表2参照）にお問い合わせ下さい。

5 技能検定の実施体制

技能検定は厚生労働大臣が定めた、実施計画に基づいて行うものですが、その実施業務は、厚生労働大臣、都道府県知事、中央職業能力開発協会、都道府県職業能力開発協会等の間で分担されており、受検の受付及び試験の実施については、都道府県職業能力開発協会が行っています。

6 技能検定試験受検手数料

技能検定試験の受検手数料は「実技試験：18,200円」及び「学科試験：3,100円」を標準額として、職種ごとに各都道府県で決定しています（令和5年4月1日現在、都道府県知事が実施する111職種）。

なお、25歳未満の在職者の方は、2級又は3級の実技試験の受検手数料が最大9,000円減額されます。詳しくは都道府県職業能力開発協会にお問い合わせ下さい。

7 技能検定の合格者

技能検定の合格者には、厚生労働大臣名（特級、1級、単一等級）又は都道府県知事名等（2級、3級）の合格証明が交付され、技能士と称することができます。

別表1

技能検定の受検に必要な実務経験年数一覧
（都道府県知事が実施する検定職種）

（単位：年）

受検対象者 (※1)	特級	1 級		2 級		3 級	基礎級	単一等級
	1級合格後	2級合格後	3級合格後	(※6)	3級合格後	級(※6)	級(※6)	
実務経験のみ	5	7		2		0 ※7	0 ※7	3
専門高校卒業 ※2 専修学校（大学入学資格付与課程に限る）卒業		6		0		0	0	1
短大・高専・高校専攻科卒業 ※2 専門職大学前期課程修了 専修学校（大学編入資格付与課程に限る）卒業		5		0		0	0	0
大学卒業（専門職大学前期課程修了者を除く）※2 専修学校（大学院入学資格付与課程に限る）卒業		4		0		0	0	0
専修学校又は各種学校卒業（厚生労働大臣が指定したものに限る。）　800 時間以上		6	2	4	0	0 ※8	0 ※8	1
〃　1600 時間以上		5				0 ※8	0 ※8	1
〃　3200 時間以上		4				0 ※8	0 ※8	1
短期課程の普通職業訓練修了 ※4 ※9　700 時間以上		6				0 ※5	0 ※5	1
普通課程の普通職業訓練修了 ※4 ※9　2800 時間未満		5				0	0	1
〃　2800 時間以上		4				0	0	1
専門課程又は特定専門課程の高度職業訓練修了 ※4 ※9	3	1	2			0	0	0
応用課程又は特定応用課程の高度職業訓練修了 ※9		1				0	0	0
指導員養成課程の指導員養成訓練修了 ※9		1				0	0	0
職業訓練指導員免許取得		1		—		—	—	—
高度養成課程の指導員養成訓練修了 ※9	0	0		0		0	0	0

※1：検定種に関する学科、訓練科又は免許職種に限る。

※2：学校教育法による大学、短期大学又は高等学校と同等以上と認められる外国の学校又は他法令学校を卒業した者並びに独立行政法人大学改革支援・学位授与機構により学士の学位を授与された者は学校教育法に基づくそれぞれのものに準ずる。

※3：大学入学資格付与課程、大学編入資格付与課程及び大学院入学資格付与課程の専修学校を除く。

※4：職業訓練法の一部を改正する法律（昭和53年法律第40号）の施行前に、改正前の職業訓練法に基づく高等訓練課程又は特別高等訓練課程の養成訓練を修了した者は、それぞれ改正後の職業能力開発促進法に基づく普通課程の普通職業訓練又は専門課程の高度職業訓練を修了したものとみなす。また、職業能力開発促進法の一部を改正する法律（平成4年法律第67号）の施行前に、改正前の職業能力開発促進法に基づく専門課程の養成訓練を修了した者は、専門課程の高度職業訓練を修了したものとみなし、改正前の職業能力開発促進法に基づく普通課程の養成訓練又は職業転換課程の能力再開発訓練（いずれも800時間以上のものに限る。）を修了した者はそれぞれ改正後の職業能力開発促進法に基づく普通課程又は短期課程の普通職業訓練を修了したものとみなす。

※5：総訓練時間が700時間未満のものを含む。

※6：3級（前期又は後期の期間にかかわらず随時実施するものは除く。）の技能検定については、上記のほか、検定職種に関する学科に在学する者及び検定職種に関する訓練科において職業訓練を受けている者等も受検できる。また、工業高等学校に在学する者であって、かつ、工業高等学校の教員等による検定職種に係る講習を受講し、当該講習の責任者から技能検定試験受検に際して安全衛生上の問題等がないと判定されたものも受検できる。また、基礎級の技能検定については技能実習生のみが、3級（前期又は後期の期間にかかわらず随時実施するものに限る。）は基礎級（旧基礎1級及び基礎2級を含む）に合格した者のみが、2級（前期又は後期の期間にかかわらず随時実施するものに限る。）は基礎級（旧基礎1級及び基礎2級を含む）及び当該検定職種に係る3級の実技試験に合格した者のみが、受検できる。

※7：検定職種に関し実務の経験を有するものについて、受検資格を認めることとする。

※8：当該学校が厚生労働大臣の指定を受けたものであるか否かに関わらず、受検資格を付与する。

※9：職業能力開発促進法第92条に規定する職業訓練又は指導員訓練に準ずる訓練の修了者においても、修了した職業訓練又は指導員訓練の訓練課程に応じ、受検資格を付与する。

別表2　　都道府県及び中央職業能力開発協会所在地一覧

（令和5年4月現在）

協　会　名	郵便番号	所　在　地	電話番号
北海道職業能力開発協会	003-0005	札幌市白石区東札幌5条1-1-2　北海道立職業能力開発支援センター内	011-825-2386
青森県職業能力開発協会	030-0122	青森市大字野尻字今田43-1　青森県立青森高等技術専門校内	017-738-5561
岩手県職業能力開発協会	028-3615	紫波郡矢巾町大字南矢幅10-3-1　岩手県立産業技術短期大学校内	019-613-4620
宮城県職業能力開発協会	981-0916	仙台市青葉区青葉町16-1	022-271-9917
秋田県職業能力開発協会	010-1601	秋田市向浜1-2-1　秋田県職業訓練センター内	018-862-3510
山形県職業能力開発協会	990-2473	山形市松栄2-2-1	023-644-8562
福島県職業能力開発協会	960-8043	福島市中町8-2　福島県自治会館5階	024-525-8681
茨城県職業能力開発協会	310-0005	水戸市水府町864-4　茨城県職業人材育成センター内	029-221-8647
栃木県職業能力開発協会	320-0032	宇都宮市昭和1-3-10　栃木県庁舎西別館	028-643-7002
群馬県職業能力開発協会	372-0801	伊勢崎市宮子町1211-1	0270-23-7761
埼玉県職業能力開発協会	330-0074	さいたま市浦和区北浦和5-6-5　埼玉県浦和合同庁舎5階	048-829-2802
千葉県職業能力開発協会	261-0026	千葉市美浜区幕張西4-1-10	043-296-1150
東京都職業能力開発協会	101-8527	千代田区内神田1-1-5　東京都産業労働局神田庁舎5階	03-6631-6052
神奈川県職業能力開発協会	231-0026	横浜市中区寿町1-4　かながわ労働プラザ6階	045-633-5419
新潟県職業能力開発協会	950-0965	新潟市中央区新光町15-2　新潟県公社総合ビル4階	025-283-2155
富山県職業能力開発協会	930-0094	富山市安住町7-18　富山第一生命ビル2階	076-432-9887
石川県職業能力開発協会	920-0862	金沢市芳斉1-15-15　石川県職業能力開発プラザ3階	076-262-9020
福井県職業能力開発協会	910-0003	福井市松本3-16-10　福井県職員会館ビル4階	0776-27-6360
山梨県職業能力開発協会	400-0055	甲府市大津町2130-2	055-243-4916
長野県職業能力開発協会	380-0836	長野市大字南長野南県町688-2　長野県婦人会館3階	026-234-9050
岐阜県職業能力開発協会	509-0109	各務原市テクノプラザ1-18　岐阜県人材開発支援センター内	058-260-8686
静岡県職業能力開発協会	424-0881	静岡市清水区楠160	054-345-9377
愛知県職業能力開発協会	451-0035	名古屋市西区浅間2-3-14　愛知県職業訓練会館内	052-524-2034
三重県職業能力開発協会	514-0004	津市栄町1-954　三重県栄町庁舎4階	059-228-2732
滋賀県職業能力開発協会	520-0865	大津市南郷5-2-14	077-533-0850
京都府職業能力開発協会	612-8416	京都市伏見区竹田流池町121-3　京都府立京都高等技術専門校2階	075-642-5075
大阪府職業能力開発協会	550-0011	大阪市西区阿波座2-1-1　大阪本町西第一ビルディング6階	06-6534-7510
兵庫県職業能力開発協会	650-0011	神戸市中央区下山手通6-3-30　兵庫勤労福祉センター1階	078-371-2091
奈良県職業能力開発協会	630-8213	奈良市登大路町38-1　奈良県中小企業会館2階	0742-24-4127
和歌山県職業能力開発協会	640-8272	和歌山市砂山南3-3-38　和歌山技能センター内	073-425-4555
鳥取県職業能力開発協会	680-0845	鳥取市富安2-159　久本ビル5階	0857-22-3494
島根県職業能力開発協会	690-0048	松江市西嫁島1-4-5　SPビル2階	0852-23-1755
岡山県職業能力開発協会	700-0824	岡山市北区内山下2-3-10　アマノビル3階	086-225-1547
広島県職業能力開発協会	730-0052	広島市中区千田町3-7-47　広島県情報プラザ5階	082-245-4020
山口県職業能力開発協会	753-0051	山口市旭通り2-9-19　山口建設ビル3階	083-922-8646
徳島県職業能力開発協会	770-8006	徳島市新浜町1-1-7	088-663-2316
香川県職業能力開発協会	761-8031	高松市郷東町587-1　地域職業訓練センター内	087-882-2854
愛媛県職業能力開発協会	791-8057	松山市大可賀2-1-28　アイテムえひめ内	089-993-7301
高知県職業能力開発協会	781-5101	高知市布師田3992-4	088-846-2300
福岡県職業能力開発協会	813-0044	福岡市東区千早5-3-1　福岡人材開発センター2階	092-671-1238
佐賀県職業能力開発協会	840-0814	佐賀市成章町1-15	0952-24-6408
長崎県職業能力開発協会	851-2127	西彼杵郡長与町高田郷547-21	095-894-9971
熊本県職業能力開発協会	861-2202	上益城郡益城町田原2081-10　電子応用機械技術研究所内	096-285-5818
大分県職業能力開発協会	870-1141	大分市大字下宗方字古川1035-1　大分職業訓練センター内	097-542-3651
宮崎県職業能力開発協会	889-2155	宮崎市学園木花台西2-4-3	0985-58-1570
鹿児島県職業能力開発協会	892-0836	鹿児島市錦江町9-14	099-226-3240
沖縄県職業能力開発協会	900-0036	那覇市西3-14-1	098-862-4278
中央職業能力開発協会	160-8327	新宿区西新宿7-5-25　西新宿プライムスクエア11階	03-6758-2859

左官

実技試験問題

令和4年度 技能検定

2級 左官(左官作業)

実技試験問題

次の注意事項及び仕様に従って、課題1及び課題2を行いなさい。

1 試験時間

課題番号	1			2
	第1工程	第2工程	第3工程	
標準時間	2時間10分	30分	2時間10分	
打切り時間	2時間20分	35分	2時間20分	5分

2 注意事項

（1） 支給された材料の品名、数量等が、支給材料のとおりであることを確認すること。

（2） 支給された材料に異常がある場合は、申し出ること。

（3） 試験開始後は、原則として、支給材料の再支給をしない。

（4） 使用工具等は、使用工具等一覧表で指定した以外のものは使用しないこと。

（5） 試験中は、工具等の貸し借りを禁止とする。
　　　なお、持参した工具等の予備を使用する場合は、技能検定委員の確認を受けること。

（6） 作業時の服装等は、安全性かつ作業に適したもので、保護めがね、防じんマスク等を着用すること。ただし、保護めがね及び防じんマスクは、吹付け作業の時以外は着用しなくてもよい。
　　　なお、作業時の服装等が著しく不適切であり、受検者の安全管理上、重大なけが・事故につながる等試験を受けさせることが適切でないと技能検定委員が判断した場合、試験を中止(失格)とする場合がある。

（7） 標準時間を超えて作業を行った場合は、超過時間に応じて減点される。

（8） 作業が終了したら、技能検定委員に申し出ること。

（9） 作業は、技能検定委員の指示に従って、指定された場所で行うこと。

（10）　**この問題には、事前に書込みをしないこと。また、試験中は、他の用紙にメモしたものや参考書等を参照することは禁止とする。**

（11）　試験中は、携帯電話、スマートフォン、ウェアラブル端末等の使用(電卓機能の使用を含む)を禁止とする。

（12）　設備・工具の取扱い等について、そのまま継続するとけがを招くおそれがある危険な行為であると技能検定委員が判断した場合は、試験中にその旨を注意することがある。

　　　さらに、当該注意を受けてもなお、危険な行為を続けた場合は、技能検定委員全員の判断により、試験を中止し、かつ、失格とする。

　　　ただし、緊急性を伴うと判断した場合は、注意を挟まず、即中止(失格)とすることがある。

3　課題1－塗り壁作業

　次の仕様に従って、あらかじめ下塗りされた下地に所定の材料を使用して、塗り壁作業を行いなさい。

（1）　仕様

　　イ　塗り壁作業は、第1図に示す仕上がり寸法にすること。

　　ロ　施工順序は、次のとおりとすること。

　　　（イ）　第1工程………墨打ち、ちり塗り、きりつけ、かど測り、面引き

　　　（ロ）　第2工程………中塗り

　　　（ハ）　第3工程………上塗り

　　ハ　枠の中心を心墨の基点とすること。

　　ニ　片面の塗り厚は、上塗り2mmを見込んで中塗りをすること。

　　ホ　平の面は、たいらに仕上げること。

　　ヘ　そで壁の裏は、塗らないこと。

　　ト　第1図の〇印をつけた部分、壁面とこづらのかど及びきりつけは、直角に仕上げること。

　　チ　第1図の◎印をつけた部分は、半径200mmの円の1/4の円弧に仕上げること。

　　リ　面は、4.5mmに引くこと。
　　　ただし、そで壁及びこづらのかどは引かないこと。

(2) 支給材料

塗り壁用としての支給材料は、各工程ごとに、次表に示す練り合わせた材料を定量支給する。

また、かたさ調整用材料は、第1工程及び第3工程開始時にそれぞれ支給する。

区　　　　分	品　　名		数　　量	備　　考
	厚塗り用既調合せっこうプラスター	薄塗り用既調合せっこうプラスター		
第　1　工　程	1		約2.5ℓ	ちり塗り用かど測り用
第　2　工　程	1		約5.3ℓ	中塗り用
第　3　工　程		1	約1.82ℓ	上塗り用
かたさ調整用材料	1		約150g	第1工程用
		1	約150g	第3工程用

第1図　　　　　　　　　　　　　　　　　　　　　　　単位:mm

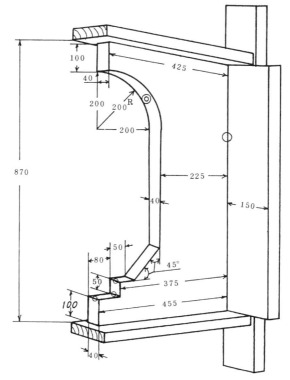

－ 14 －

4　課題2－吹付け作業

　あらかじめ与えられた下地に、所定の材料により吹付け作業を行いなさい。

(1)　支給材料

品　名	寸法又は規格		数　量	備　考
吹付け用材料	ドロマイトプラスター　　　　375g 寒水石(粒径1mm〜1.5mm)　360g 水　　　　　　　　　　　0.2ℓ	を練り合わせたもの	約0.45ℓ (約930g)	

(2)　吹付け作業用下地

　1820mm×910mm×9mmの普通合板を、二つ割りにしたものを支給する。

2級左官実技試験使用工具等一覧表

1 受検者が持参するもの

品　名	寸法又は規格	数量	備　考
れ　ん　が　ご　て		1	
あ　げ　う　ら　中　首　ご　て	120mm(4寸)、150mm(5寸)	各1	
ち　り　ご　て	45mm(1.5寸)	1	
中　塗　り　ご　て	150mm(5寸)～210mm(7寸)	1	
な　で　ご　て　又　は　角　ご　て	210mm(7寸)	1	
面　引　き　ご　て	4.5mm(1.5分)角面	1	
丸窓用つまみ面引きごて	〃	1	
く　り　ご　て	120mm(4寸)	1	
ひ　ら　く　り　ご　て	〃	1	
き　り　つ　け　ご　て	〃	1	
木　ご　て	180mm(6寸)～210mm(7寸)	1	
四　半　ご　て	105mm(3.5寸)～120mm(4寸)	1	
墨　つ　ぼ		1	
さ　し　が　ね		1	
折　り　尺　又　は　ス　ケ　ー　ル（　メ　ジ　ャ　ー　）		1	コンベックスルールでもよい
ち　り　ぼ　う　き		1	
バ　ケ　ツ	6ℓ(約3升)入り程度	2	支給材料用、ちり拭き用
ぞ　う　き　ん		1	
ブ　ラ　シ		1	
こ　て　板		1	
鉛　筆　及　び　消　し　ゴ　ム		適当数	
養　生　用　シ　ー　ト	1m×1m程度	1	
作　業　服　等		一式	
保　護　め　が　ね		1	吹付け作業用
防　じ　ん　マ　ス　ク		1	吹付け作業用国家検定に合格したもの
踏　み　台		適宜	左官工事の現場作業に適したもの
飲　料		適宜	熱中症対策、水分補給用

注1　使用工具等は、上記のものに限るが、同一種類のものを予備として持参することはさしつかえない。(受検者が不必要と判断するものは、持参しなくてよい。)
　　2　バケツ等には、氏名を記入しておくこと。
　　3　「飲料」については、各自で試験会場の状況や天候等を考慮の上、持参すること。

2 試験場に準備されているもの(数量欄の数字は、受検者1名当たりの数量を示す。)

品　名	寸法又は規格	数量	備　考
定　規(1)	140mm×30mm×6mm	1	
〃　(2)	150mm×30mm×6mm	2	
〃　(3)	320mm×30mm×6mm	2	
〃　(4)	880mm×30mm×6mm	1	
〃　(5)	350mm×20mm×2mm	1	塩化ビニル製
〃　(6)	直径400mmの円の約1/4で厚さ3mm	2	円型用
吹付け塗り用設備		一式	

令和4年度 技能検定

1級 左官（左官作業）

実技試験問題

次の注意事項及び仕様に従って、課題1及び課題2を行いなさい。

1 試験時間

課題番号	1			2
	第1工程	第2工程	第3工程	
標 準 時 間	2時間10分	30分	2時間10分	
打切り時間	2時間20分	35分	2時間20分	10分

2 注意事項

（1）支給された材料の品名、数量等が、支給材料のとおりであることを確認すること。

（2）支給された材料に異常がある場合は、申し出ること。

（3）試験開始後は、原則として、支給材料の再支給をしない。

（4）使用工具等は、使用工具等一覧表で指定した以外のものは使用しないこと。

（5）試験中は、工具等の貸し借りを禁止とする。
　　なお、持参した工具等の予備を使用する場合は、技能検定委員の確認を受けること。

（6）作業時の服装等は、安全性かつ作業に適したもので、保護めがね、防じんマスク等を着用すること。ただし、保護めがね及び防じんマスクは、吹付け作業の時以外は着用しなくてもよい。
　　なお、作業時の服装等が著しく不適切であり、受検者の安全管理上、重大なけが・事故につながる等試験を受けさせることが適切でないと技能検定委員が判断した場合、試験を中止(失格)とする場合がある。

（7）標準時間を超えて作業を行った場合は、超過時間に応じて減点される。

（8）作業が終了したら、技能検定委員に申し出ること。

（9）作業は、技能検定委員の指示に従って、指定された場所で行うこと。

（10）　**この問題には、事前に書込みをしないこと。また、試験中は、他の用紙にメモしたものや参考書等を参照することは禁止とする。**

（11）　試験中は、携帯電話、スマートフォン、ウェアラブル端末等の使用(電卓機能の使用を含む) を禁止とする。

（12）　設備・工具の取扱い等について、そのまま継続するとけがを招くおそれがある危険な行為であると技能検定委員が判断した場合は、試験中にその旨を注意することがある。

　　　　さらに、当該注意を受けてもなお、危険な行為を続けた場合は、技能検定委員全員の判断により、試験を中止し、かつ、失格とする。

　　　　ただし、緊急性を伴うと判断した場合は、注意を挟まず、即中止(失格)とすることがある。

3　課題1－塗り壁作業

　次の仕様に従って、あらかじめ下塗りされた下地に所定の材料を使用して、塗り壁作業を行いなさい。

（1）　仕様

　　イ　塗り壁作業は、第1図に示す仕上がり寸法にすること。

　　ロ　施工順序は、次のとおりとすること。

　　（イ）　第1工程‥‥‥‥墨打ち、ちり塗り、きりつけ、かど測り、面引き

　　（ロ）　第2工程‥‥‥‥中塗り

　　（ハ）　第3工程‥‥‥‥上塗り

　　ハ　枠の中心を心墨の基点とすること。

　　ニ　片面の塗り厚は、上塗り2mmを見込んで中塗りをすること。

　　ホ　平の面は、たいらに仕上げること。

　　ヘ　天井の裏及びそで壁の裏は、塗らないこと。

　　ト　第1図の〇印をつけた部分、壁面とこづらのかど及びきりつけは、直角に仕上げること。

　　チ　第1図の◎印をつけた部分は、半径222.5mmの円の1/2の円弧に仕上げること。

　　リ　面は、4.5mmに引くこと。

　　　　ただし、そで壁、天井及びこづらのかどは引かないこと。

(2) 支給材料

　　　塗り壁用としての支給材料は、各工程ごとに、次表に示す練り合わせた材料を定量支給

する。

　　　また、かたさ調整用材料は、第1工程及び第3工程開始時にそれぞれ支給する。

区　　　　分	品　名 厚塗り用既調合せっこうプラスター	品　名 薄塗り用既調合せっこうプラスター	数　量	備　考
第　1　工　程	1		約2.8ℓ	ちり塗り用 かど測り用
第　2　工　程	1		約6.0ℓ	中塗り用
第　3　工　程		1	約2.1ℓ	上塗り用
かたさ調整用材料	1		約150g	第1工程用
かたさ調整用材料		1	約150g	第3工程用

第1図　　　　　　　　　　　　　　　　　　　　　単位:mm

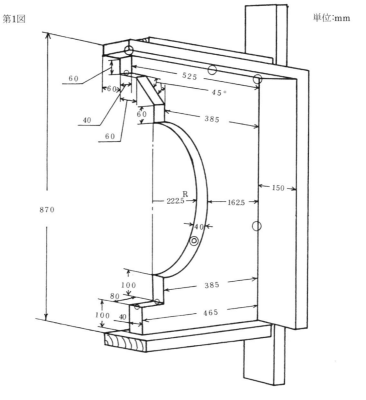

4 課題2－吹付け作業

次の仕様に従って、あらかじめ用意された下地の養生をしてから、吹付け作業を行いなさい。

(1) 仕様

イ 下地枠は、マスキング用材料を使用して養生を行うこと。

ロ ヘッドカット(金ごて押さえ)は、吹付け終了後、水引き加減を見て行うこと。

ハ マスキング用材料は、作業終了後、直ちに取り除くこと。

(2) 支給材料

品 名	寸法又は規格	数 量	備 考
吹付け用材料	ドロマイトプラスター　　　　1916g ⎫ 寒水石(粒径1mm〜1.5mm) 2160g ⎬を練り合わせたもの 水　　　　　　　　　　　0.8ℓ ⎭	約2.3ℓ (約4.88kg)	
マスキング用材料	300mm×4000mm程度のもの	1	紙、 テープ等

(3) 吹付け作業用下地

下図に示すものを支給する。

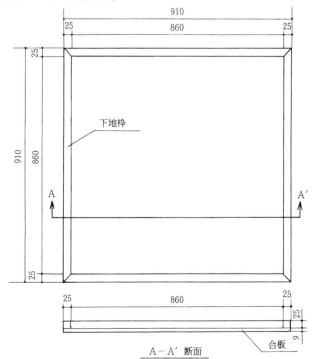

単位:mm

下地枠

A A′

A－A′ 断面

合板

－ 20 －

1級左官実技試験使用工具等一覧表

1 受検者が持参するもの

品　名	寸法又は規格	数量	備考
れ ん が ご て		1	
あげうら中首ごて	120mm(4寸)、150mm(5寸)	各1	
ち り ご て	45mm(1.5寸)	1	
中 塗 り ご て	150mm(5寸)～210mm(7寸)	1	
なでごて又は角ごて	210mm(7寸)	1	
面 引 き ご て	4.5mm(1.5分)角面	1	
丸窓用つまみ面引きごて	〃	1	
く り ご て	120mm(4寸)	1	
ひ ら く り ご て	〃	1	
き り つ け ご て	〃	1	
木 ご て	180mm(6寸)～210mm(7寸)	1	
四 半 ご て	105mm(3.5寸)～120mm(4寸)	1	
墨 つ ぼ		1	
さ し が ね		1	
折り尺又はスケール（メジャー）		1	コンベックスルールでもよい
ち り ぼ う き		1	
バ ケ ツ	6ℓ(約3升)入り程度	2	支給材料用、ちり拭き用
ぞ う き ん		1	
ブ ラ シ		1	
こ て 板		1	
鉛筆及び消しゴム		適当数	
養 生 用 シ ー ト	1m×1m程度	1	
作 業 服 等		一式	
保 護 め が ね		1	吹付け作業用
防 じ ん マ ス ク		1	吹付け作業用 国家検定に合格したもの
踏 み 台		適宜	左官工事の現場作業に適したもの
飲 料		適宜	熱中症対策、水分補給用

注1　使用工具等は、上記のものに限るが、同一種類のものを予備として持参することはさしつか
　　えない。（受検者が不必要と判断するものは、持参しなくてよい。）
　2　バケツ等には、氏名を記入しておくこと。
　3　「飲料」については、各自で試験会場の状況や天候等を考慮の上、持参すること。

2 試験場に準備されているもの(数量欄の数字は、受検者1名当たりの数量を示す。)

品　名	寸法又は規格	数量	備考
定 規(1)	100mm×30mm×6mm	2	
〃 (2)	110mm×30mm×6mm	1	
〃 (3)	150mm×30mm×6mm	2	
〃 (4)	590mm×30mm×6mm	1	
〃 (5)	872mm×30mm×6mm	1	
〃 (6)	750mm×20mm×2mm	1	塩化ビニル製
〃 (7)	直径445mmの円の約1/4 厚さ3mm	2	円型用
吹付け塗り用設備		一式	

左官

学科試験問題

令和4年度 技能検定
2級 左官 学科試験問題
(左官作業)

1. 試験時間　1時間40分
2. 問題数　　50題(A群25題、B群25題)
3. 注意事項
   (1) 係員の指示があるまで、この表紙はあけないでください。
   (2) 答案用紙(真偽法と多肢択一法の併用)に検定職種名、作業名、級別、受検番号、氏名を必ず記入してください。
   (3) 係員の指示に従って、問題数を確かめてください。それらに異常がある場合は、黙って手を挙げてください。問題はA群(真偽法)とB群(多肢択一法)とに分かれています。
   (4) 試験開始の合図で始めてください。
   (5) 解答の方法(真偽法と多肢択一法の併用)は次のとおりです。
       イ. A群の問題(真偽法)は、一つ一つの問題の内容が正しいか、誤っているかを判断して解答してください。
       ロ. B群の問題(多肢択一法)は、正解と思うものを一つだけ選んで、解答してください。二つ以上に解答した場合は誤答となります。
       ハ. 答案用紙(マークシート用紙)へ解答する際は、答案用紙に記載されている注意事項に従ってください。
       ニ. 答案用紙の解答欄は、A群の問題とB群の問題とでは異なります。所定の解答欄に、試験問題の題数に応じて解答してください。解答欄はA群は50題まで、B群は25題まで解答できるようになっています。
   (6) 電子式卓上計算機その他これと同等の機能を有するものは、使用してはいけません。
   (7) 携帯電話、スマートフォン、ウェアラブル端末等は、使用してはいけません。
   (8) 試験中、質問があるときは、黙って手を挙げてください。ただし、試験問題の内容、漢字の読み方等に関する質問にはお答えできません。
   (9) 試験終了時刻前に解答ができあがった場合は、黙って手を挙げて、係員の指示に従ってください。
   (10) 試験中に手洗いに立ちたいときは、黙って手を挙げて、係員の指示に従ってください。
   (11) 試験終了の合図があったら、筆記用具を置き、係員の指示に従ってください。

［A群（真偽法）］

1 サンドペーパーの研磨材の粒度は、番数が大きくなるほど粒度が粗くなる。

2 黒打ち鏝は、土壁の下塗り・中塗り等に用いる。

3 木造直張りラスモルタル下地におけるラスの重ねは、一般に、30mmとする。

4 ラス下地のセメントモルタル塗りにおいて、下塗り（ラス付け）は、ラスの山高よりも厚く塗る。

5 心墨は、柱や梁等の中心を示す墨である。

6 なまこ壁は、平瓦などを壁面に張り付け、瓦と瓦の継目にかまぼこ形に漆喰を塗り付けて仕上げたものである。

7 ドロマイトプラスター塗り仕上げは、雨掛りのある外壁にも適している。

8 大津磨き工法における灰土塗りとは、上塗りのことをいう。

9 左官工事における噴裂（ふけ）とは、壁の下地材料や塗り層に含まれる可溶性塩類が壁面に析出する現象をいう。

10 コンクリート下地にセメントモルタル塗りを行う場合、コンクリートの表面は、できるだけ平滑にしておくとよい。

11 建築工事の工程表は、工事の施工順序や所要時間等を表したものであり、表示方法には、バーチャート式やネットワーク式などがある。

12 1袋25kg入りのセメント袋を積み上げて保管する場合、その積上げ高さは、一般に、20袋程度までとするとよい。

13 壁のタイル張り工事を密着張り工法で行う場合、タイルは、壁の上部から張り付けるとよい。

14 補強コンクリートブロック積みにおいて、ブロックは、下図のようにシェル厚の厚い方を上にして積む。

［A群（真偽法）］

15 セメントモルタルは、メチルセルロース(MC)を加えると保水性が向上する。

16 フライアッシュは、有機系のセメント混和材である。

17 アスファルトフェルトは、木造直張りラスモルタル下地の防水紙に適している。

18 木材の色は、一般に、心材部よりも辺材部の方が濃い。

19 左官工事において、中心飾りとは、洋風建築の丸柱に装飾を行うことをいう。

20 色の彩度とは、一般に、色の冴えや鮮やかさを示す尺度をいう。

21 ツーバイフォー工法は、木造建築工法の一つである。

22 カーテンウォールは、非耐力壁である。

23 日本産業規格(JIS)の建築製図通則によれば、次の材料構造表示記号は、石材又はぎ石を表す。

24 建築基準法関係法令によれば、グラスウール板は、不燃材料ではない。

25 労働安全衛生法関係法令によれば、移動はしごの幅は、20cm以上とすることとしている。

［B群（多肢択一法）］

1　左官用具とその用途の組合せとして、一般に、適切でないものはどれか。

	左官用具	用途
イ	ちりぼうき	ちり拭き
ロ	タッカー	塗り材の混練
ハ	タンパー	床面のならし
ニ	ポリッシャー	人造石のつや出し

2　下図の鏝の名称はどれか。

- イ　鋼本焼き引き鏝
- ロ　れんが鏝
- ハ　丸窓面引き鏝
- ニ　切り付け鏝

3　次のうち、現場調合セメントモルタル塗り仕上げに適した外壁下地はどれか。

- イ　ALCパネル下地
- ロ　鋼製金網下地
- ハ　こまい下地
- ニ　木ずり下地

4　次に示す墨出しに使用する墨印のうち、一般に、陸墨（ろく）を表すものはどれか。

　　　イ　　　　　　　　ロ　　　　　　　　ハ　　　　　　　　ニ

5　人造石洗い出し工法において、種石モルタルを塗り付け、伏せ込んだ後に行う作業はどれか。

- イ　表面をかき落とす。
- ロ　表面に石を植え付ける。
- ハ　表面を洗い出す。
- ニ　表面に樹脂を吹き付ける。

6　色モルタル塗り工法に関する記述として、適切でないものはどれか。

- イ　色モルタルの練り混ぜでは、顔料をモルタル中に十分に分散させる。
- ロ　色モルタルは、できるだけ硬練りとするとよい。
- ハ　色モルタル塗りに先立ち、下地に吸水調整材塗り又は水湿しを行うとよい。
- ニ　色モルタルは、追いかけ塗りを行わず、1回で塗り付けた方がよい。

7 次のうち、せっこうプラスター塗り仕上げを行うのに、最も適している部位はどれか。
    イ　寝室の壁
    ロ　軒裏天井
    ハ　外壁
    ニ　地下室の壁

8 リシンかき落し仕上げに関する記述として、適切でないものはどれか。
    イ　目地棒を使用した場合、目地棒は、一般に、自然にかき落し材からはがれるの
      を待って外した方がよい。
    ロ　かき落しは、かき落し材が完全に乾燥した後に行う。
    ハ　かき落し材は、一般に、厚さ6mm以上に塗り付ける。
    ニ　かき落しは、表面が均一な粗面になるように行う。

9 外壁の診断用器具とその診断方法の組合せとして、適切でないものはどれか。
        診断用器具　　　　　　診断方法
    イ　双眼鏡　　　　　　　外観目視法
    ロ　トランシット　　　　赤外線装置法
    ハ　クラックスケール　　外観目視法
    ニ　パルハンマー　　　　打音検査法

10 木造直張りラスモルタル下地の施工順序として、適切なものはどれか。
    イ　ラス下地板張り → 防水紙張り → ラス張り → セメントモルタル塗り
    ロ　ラス下地板張り → ラス張り → 防水紙張り → セメントモルタル塗り
    ハ　防水紙張り → ラス張り → ラス下地板張り → セメントモルタル塗り
    ニ　防水紙張り → ラス下地板張り → ラス張り → セメントモルタル塗り

11 次のうち、単管足場に使用しない部材はどれか。
    イ　自在型クランプ
    ロ　固定型ベース金具
    ハ　単管ジョイント
    ニ　建わく

12 セメントモルタル下地へのタイル張り工事における、タイル張りの施工法とセメント
モルタル下地の仕上げの組合せとして、適切でないものはどれか。
        施工法　　　　　下地の仕上げ
    イ　積上げ張り　　　金鏝押さえ
    ロ　圧着張り　　　　木鏝押さえ
    ハ　密着張り　　　　木鏝押さえ
    ニ　接着剤張り　　　金鏝押さえ

［B群（多肢択一法）］

13　次の石材のうち、堆積岩で、炭酸カルシウムを主成分とするものはどれか。
　　　イ　石灰岩
　　　ロ　花崗岩
　　　ハ　砂岩
　　　ニ　安山岩

14　左官用材料に関する記述として、適切なものはどれか。
　　　イ　消石灰は、空気中の炭酸ガスを吸収して硬化する。
　　　ロ　せっこうプラスターは、硬化に伴い収縮する。
　　　ハ　ドロマイトプラスターには、糊材を混入する必要がある。
　　　ニ　早強ポルトランドセメントは、粉末度を低くすることにより早強性を図っている。

15　セメントモルタルに関する記述として、適切でないものはどれか。
　　　イ　細目の骨材を多く配合するほど、ひび割れしにくくなる。
　　　ロ　早強ポルトランドセメントは、冬期の施工にも適している。
　　　ハ　富調合にすると、収縮が大きくなる。
　　　ニ　白色ポルトランドセメントは、着色が可能である。

16　次のうち、ドライウォール工法に使用しない材料はどれか。
　　　イ　シージングせっこうボード
　　　ロ　コーナービード
　　　ハ　ジョイントセメント
　　　ニ　せっこう系SL(セルフレベリング)材

17　コンクリート系壁下地の現場調合普通セメントモルタル塗り工法に関する記述として、適切でないものはどれか。
　　　イ　吸水調整材は、指定量の水で均一に薄めて使用する。
　　　ロ　セメントモルタルの練り混ぜは、機械練りを原則とする。
　　　ハ　セメントモルタルの1回の練り混ぜ量は、3時間程度で使い切る量とする。
　　　ニ　セメントモルタルの1回の塗り厚は、6mmを標準とし、9mmを限度とする。

18　次のうち、左官彫刻に直接関係のない用語はどれか。
　　　イ　擬木
　　　ロ　引型
　　　ハ　レリーフ
　　　ニ　棟木

19 次のうち、寒色はどれか。
　　イ　黄
　　ロ　赤
　　ハ　青
　　ニ　橙

20 建築構造に関する記述として、適切でないものはどれか。
　　イ　S造とは、鉄骨造のことである。
　　ロ　RC造とは、鉄筋コンクリート造のことである。
　　ハ　SRC造とは、補強コンクリートブロック造のことである。
　　ニ　W造とは、木造のことである。

21 下図のつか立て床の断面において、床づかを表すものはどれか。

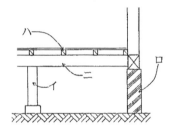

22 次のうち、階段と直接関係しないものはどれか。
　　イ　ささら桁
　　ロ　踏面
　　ハ　垂木
　　ニ　けあげ

23 日本産業規格（JIS）の建築製図通則によれば、次の平面表示記号が表すものはどれか。
　　イ　シャッター
　　ロ　両開きとびら
　　ハ　引違い戸
　　ニ　出入口一般

24 建築基準法関係法令によれば、耐水材料でないものはどれか。
　　イ　れんが
　　ロ　せっこうボード
　　ハ　アスファルト
　　ニ　ガラス

［B群（多肢択一法)］

25 文中の(　　)内に当てはまる数値として、適切なものはどれか。
　　労働安全衛生法関係法令によれば、単管足場の壁つなぎの間隔は、垂直方向を
　(　　)m以下、水平方向を5.5m以下とすることとしている。
　　　イ　5
　　　ロ　6
　　　ハ　7
　　　ニ　8

令和3年度 技能検定
2級 左官 学科試験問題
（左官作業）

1. 試験時間　1時間40分
2. 問題数　50題(A群25題、B群25題)
3. 注意事項
   （1）　係員の指示があるまで、この表紙はあけないでください。
   （2）　答案用紙(真偽法と多肢択一法の併用)に検定職種名、作業名、級別、受検番号、氏名を必ず記入してください。
   （3）　係員の指示に従って、問題数を確かめてください。それらに異常がある場合は、黙って手を挙げてください。問題はA群(真偽法)とB群(多肢択一法)とに分かれています。
   （4）　試験開始の合図で始めてください。
   （5）　解答の方法(真偽法と多肢択一法の併用)は次のとおりです。
   　　イ．　A群の問題(真偽法)は、一つ一つの問題の内容が正しいか、誤っているかを判断して解答してください。
   　　ロ．　B群の問題(多肢択一法)は、正解と思うものを一つだけ選んで、解答してください。二つ以上に解答した場合は誤答となります。
   　　ハ．　答案用紙(マークシート用紙)へ解答する際は、答案用紙に記載されている注意事項に従ってください。
   　　ニ．　答案用紙の解答欄は、A群の問題とB群の問題とでは異なります。所定の解答欄に、試験問題の題数に応じて解答してください。解答欄はA群は50題まで、B群は25題まで解答できるようになっています。
   （6）　電子式卓上計算機その他これと同等の機能を有するものは、使用してはいけません。
   （7）　携帯電話、スマートフォン、ウェアラブル端末等は、使用してはいけません。
   （8）　試験中、質問があるときは、黙って手を挙げてください。ただし、試験問題の内容、漢字の読み方等に関する質問にはお答えできません。
   （9）　試験終了時刻前に解答ができあがった場合は、黙って手を挙げて、係員の指示に従ってください。
   （10）　試験中に手洗いに立ちたいときは、黙って手を挙げて、係員の指示に従ってください。
   （11）　試験終了の合図があったら、筆記用具を置き、係員の指示に従ってください。

［A群（真偽法）］

1 サンドペーパーの研磨材は、番数が小さくなるほど粒度が粗くなる。

2 四半鏝は、中首鏝の一種である。

3 リブラスは、メタルラスの一種である。

4 ラス下地のセメントモルタル塗りにおいて、下塗りは、ラスの厚さよりも薄く塗ると
よい。

5 陸墨は、柱や梁等の中心線を示す。

6 せっこう置き引き工法は、焼きせっこうによる装飾工法の一種である。

7 せっこうプラスターの強度を高めるには、セメントを混入するとよい。

8 ドロマイトプラスター塗り仕上げにおいて、上塗りにすさを混入する目的の一つに、
上塗り層のひび割れを防止することがある。

9 セメントモルタルの保水性を高めるには、メチルセルロースを混入するとよい。

10 エフロレッセンス(白華)は、壁の下地材料や塗り層に含まれる可溶性塩類が壁面に
析出する現象である。

11 かき落し粗面仕上げにおけるかき落しは、塗り付けたかき落し材が十分に乾燥した後
に行うとよい。

12 足場における布は、建地と建地を連結する水平部材である。

13 壁のタイル張り工事を密着張り工法で行う場合、タイルは、壁の下部から張り付ける
とよい。

14 タイル張り工事の改良圧着張り工法は、壁には適用できない。

15 パーライトは、吹付け仕上げの材料に適していない。

16 せっこうボード下地は、一般に、水に弱いので浴室には使用しない。

17 ロックウールは、建物の吸音材料には使用しない。

18 日本産業規格(JIS)によれば、せっこうラスボードの厚さは、10mmと15mmの2種類が規定されている。

19 無双窓とは、壁下地のこまい竹が現れている窓をいう。

20 色材の三原色とは、黒、黄及び赤をいう。

21 鉄筋コンクリート造では、主として、鉄筋が圧縮力を負担し、コンクリートが引張り力を負担している。

22 真壁とは、柱が隠れるように仕上げた壁をいう。

23 日本産業規格(JIS)の建築製図通則によれば、次の平面表示記号は、出入口一般を表す。

24 建築基準法関係法令によれば、階段は、建築物の主要構造部に含まれる。

25 労働安全衛生法関係法令によれば、移動はしごの幅は、30cm以上とすることとされている。

［B群（多肢択一法）］

1 左官用具とその用途の組合せとして、適切でないものはどれか。

    左官用具   用途
 イ ちりぼうき ちり拭き
 ロ タッカー   ラス張り
 ハ タンパー   壁のならし
 ニ 噴霧器   人造石洗い出し

2 下図の鏝の名称はどれか。
 イ 鋼本焼き引き鏝
 ロ 鶴首鏝
 ハ 丸窓面引き鏝
 ニ れんが鏝

3 壁下地に関する記述として、適切でないものはどれか。
 イ ラスシートは、一般に、鉄骨下地に使用される。
 ロ 木造の単層下地通気工法の外壁には、波形ラスは適していない。
 ハ せっこうラスボード下地への下塗りには、ドロマイトプラスターを使用しても
  よい。
 ニ 平滑なコンクリート下地には、セメントモルタルの付着を良くするために目荒
  らしをする。

4 次に示す墨出しに使用する墨印のうち、一般に、訂正墨を表すものはどれか。

    イ   ロ   ハ   ニ

5 せっこうラスボード下地に下塗り及び中塗りを行う場合の現場調合せっこうプラスタ
ーと砂の調合(容積比)として、適切なものはどれか。
    下塗り   中塗り
 イ 1：1   1：1
 ロ 1：1.5   1：1
 ハ 1：1.5   1：2
 ニ 1：2   1：3

6 現場調合セメントモルタル塗り工法に関する記述として、適切でないものはどれか。
 イ セメントモルタルの調合は、仕上げ側に塗られるものほど強度を大きくする。
 ロ ALCパネルには、現場調合セメントモルタル塗りは適していない。
 ハ セメントモルタルの練り混ぜは、機械練りを原則とする。
 ニ 粉末状の混和材料は、から練りのときに混入する。

7 漆喰に関する記述として、適切でないものはどれか。
　　イ　蛇腹引きを行うことがある。
　　ロ　なまこ壁に使用する。
　　ハ　軟らかいうちに、鏝等で装飾仕上げをする。
　　ニ　人造石研ぎ出しに使用する。

8 土物壁の施工順序として、適切なものはどれか。
　　イ　こまいかき　→　荒壁塗り　→　ぬき伏せ　→　裏壁塗り　→　むら直し塗り
　　　　→　中塗り　→　上塗り
　　ロ　こまいかき　→　荒壁塗り　→　裏壁塗り　→　ぬき伏せ　→　むら直し塗り
　　　　→　中塗り　→　上塗り
　　ハ　こまいかき　→　裏壁塗り　→　荒壁塗り　→　ぬき伏せ　→　むら直し塗り
　　　　→　中塗り　→　上塗り
　　ニ　こまいかき　→　荒壁塗り　→　裏壁塗り　→　むら直し塗り　→　ぬき伏せ
　　　　→　中塗り　→　上塗り

9 外壁の診断用器具とその診断方法の組合せとして、適切でないものはどれか。
　　　　　　診断用器具　　　　　　　診断方法
　　イ　双眼鏡　　　　　　　　　　外観目視法
　　ロ　シュミットハンマー　　　　赤外線装置法
　　ハ　クラックスケール　　　　　外観目視法
　　ニ　パルハンマー　　　　　　　打音検査法

10 床モルタル塗り仕上げの施工順序として、適切なものはどれか。
　　イ　下ごすり　→　吸水調整材塗り　→　中塗り　→　上塗り　→　木鏝押さえ
　　　　→　金鏝押さえ　→　目地切り
　　ロ　下ごすり　→　吸水調整材塗り　→　中塗り　→　目地切り　→　木鏝押さえ
　　　　→　上塗り　→　金鏝押さえ
　　ハ　吸水調整材塗り　→　下ごすり　→　中塗り　→　目地切り　→　木鏝押さえ
　　　　→　上塗り　→　金鏝押さえ
　　ニ　吸水調整材塗り　→　下ごすり　→　中塗り　→　上塗り　→　木鏝押さえ
　　　　→　金鏝押さえ　→　目地切り

11 単管足場に使用する部材でないものはどれか。
　　イ　自在型クランプ
　　ロ　固定型ベース金具
　　ハ　単管ジョイント
　　ニ　アームロック

［B群（多肢択一法）］

12 文中の（　　）内に当てはまる語句として、最も適切なものはどれか。
　　（　　）は、結晶質で硬く、美しく、耐久性に富む石材として、建築物の外部を中心に最も多く使用されているが、硬いため施工費がかさむこと、含有鉄分によりさび色が出るおそれがあること、耐火性が比較的低いこと等の問題点もある。
　　イ　大理石
　　ロ　花崗岩
　　ハ　石灰岩
　　ニ　砂　岩

13 薄塗り工法の下地として、適切でないものはどれか。
　　イ　木毛セメント板
　　ロ　ALCパネル
　　ハ　コンクリートブロック
　　ニ　アスファルトルーフィング

14 左官用材料に関する記述として、適切でないものはどれか。
　　イ　消石灰は、空気中の炭酸ガスを吸収して硬化する。
　　ロ　せっこうプラスターは、硬化に伴い膨張する。
　　ハ　ドロマイトプラスターには、糊材を混入する必要がある。
　　ニ　早強ポルトランドセメントは、粉末度を高くすることにより早強性を図っている。

15 文中の（　　）内に当てはまる語句の組合せとして、適切なものはどれか。
　　パーライトモルタルは、普通セメントモルタルよりも耐熱性が（　①　）、比重が（　②　）。
　　　　　　　①　　　　　　　②
　　イ　低く　　　　　小さい
　　ロ　低く　　　　　大きい
　　ハ　高く　　　　　小さい
　　ニ　高く　　　　　大きい

16 次のうち、ドライウォール工法に使用しない材料はどれか。
　　イ　シージングせっこうボード
　　ロ　ジョイントテープ
　　ハ　せっこう系SL材
　　ニ　コーナービード

17 次のうち、漆喰用糊でないものはどれか。
　　イ　非水溶性樹脂
　　ロ　粉角又
　　ハ　メチルセルロース
　　ニ　ぎんなん草

18 次のうち、左官彫刻に関係のない用語はどれか。
イ 擬木
ロ 引型
ハ レリーフ
ニ ささら桁

19 次のうち、有彩色はどれか。
イ 白色
ロ 黒色
ハ 赤色
ニ 灰色

20 次のうち、組積造でないものはどれか。
イ れんが造
ロ コンクリートブロック造
ハ 鉄筋コンクリート造
ニ 石造

21 下図のつか立て床の断面において、大引きを表すものはどれか。

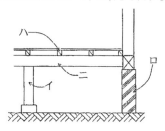

22 建築基準法関係法令によれば、建築物の主要構造部に含まれないものはどれか。
イ 柱
ロ 梁
ハ 建具
ニ 屋根

23 日本産業規格(JIS)の建築製図通則によれば、次の材料構造表示記号のうち、割栗を表すものはどれか。

イ　　　　　　　　　ロ　　　　　　　　　ハ　　　　　　　　　ニ

［B群（多肢択一法）］

24 建築基準法関係法令において、不燃材料でないものはどれか。
    イ　ガラス
    ロ　モルタル
    ハ　木毛セメント板
    ニ　しっくい

25 文中の（　）内に当てはまる数値として、適切なものはどれか。
  労働安全衛生法関係法令によれば、単管足場用鋼管規格に適合する鋼管を用いて構成される単管足場における建地間の積載荷重は、原則として、（　）kgを限度とすることとされている。
    イ　400
    ロ　300
    ハ　200
    ニ　100

令和2年度 技能検定
2級 左官 学科試験問題
（左官作業）

1. 試験時間　1時間40分
2. 問題数　　50題(A群25題、B群25題)
3. 注意事項
    （1）　係員の指示があるまで、この表紙はあけないでください。
    （2）　答案用紙(真偽法と多肢択一法の併用)に検定職種名、作業名、級別、受検番号、氏名を必ず記入してください。
    （3）　係員の指示に従って、問題数を確かめてください。それらに異常がある場合は、黙って手を挙げてください。問題はA群(真偽法)とB群(多肢択一法)とに分かれています。
    （4）　試験開始の合図で始めてください。
    （5）　解答の方法(真偽法と多肢択一法の併用)は次のとおりです。
        イ．　A群の問題(真偽法)は、一つ一つの問題の内容が正しいか、誤っているかを判断して解答してください。
        ロ．　B群の問題(多肢択一法)は、正解と思うものを一つだけ選んで、解答してください。二つ以上に解答した場合は誤答となります。
        ハ．　答案用紙(マークシート用紙)へ解答する際は、答案用紙に記載されている注意事項に従ってください。
        ニ．　答案用紙の解答欄は、A群の問題とB群の問題とでは異なります。所定の解答欄に、試験問題の題数に応じて解答してください。解答欄はA群は50題まで、B群は25題まで解答できるようになっています。
    （6）　電子式卓上計算機その他これと同等の機能を有するものは、使用してはいけません。
    （7）　携帯電話、スマートフォン、ウェアラブル端末等は、使用してはいけません。
    （8）　試験中、質問があるときは、黙って手を挙げてください。ただし、試験問題の内容、漢字の読み方等に関する質問にはお答えできません。
    （9）　試験終了時刻前に解答ができあがった場合は、黙って手を挙げて、係員の指示に従ってください。
    （10）　試験中に手洗いに立ちたいときは、黙って手を挙げて、係員の指示に従ってください。
    （11）　試験終了の合図があったら、筆記用具を置き、係員の指示に従ってください。

［A群（真偽法）］

1 土壁中塗りには、黒打ち鏝よりも油焼き鏝を使用する方がよい。

2 四半鏝は、元首鏝の一種である。

3 左官塗り壁用として造られた木ずり下地板のくぎ打ちは、受け材に対して並列に2本ずつ打つ。

4 木造下地にせっこうラスボードを取り付ける場合は、表面処理をしていない鉄製のくぎを使用する。

5 逃げ墨は、柱や梁などの中心を示す墨である。

6 セメントモルタルポンプ吹付け工法の現場圧送順序は、一般に、次のとおりである。
    水送り → セメントペースト送り → 試し送り(軟らかめのセメントモルタルを送る) → 普通セメントモルタル送り

7 壁面へのセメントモルタルの1回の塗り厚は、15mm程度がよい。

8 コンクリート下地の乾燥が著しい場合は、合成樹脂エマルション吸水調整材塗りを行うとよい。

9 床仕上げに使用するセメントモルタルは、水の量が多いほどひび割れが少ない。

10 塗り壁に目地を設ける目的の一つに、塗り面のひび割れの発生防止がある。

11 ラス下地セメントモルタル塗りの施工順序は、一般に、次のとおりである。
    セメントモルタル下塗り → 中塗り → むら直し → 上塗り

12 左官用のウインチは、材料等の水平運搬に使用される機械である。

13 れんが積みにおけるれんがは、水湿しをしない方がよい。

14 コンクリートのスランプ値は、硬練りのものほど小さくなる。

15 アルミナセメントは、熱に弱い。

16 フライアッシュは、無機質のセメント混和材である。

[A群（真偽法）]

17 シーリング材は、目地部分の間隙に充填する防水材である。

18 木材の色は、一般に、辺材部よりも心材部の方が濃い。

19 なまこ壁は、壁面に平瓦を張り、目地を漆喰でかまぼこ形に塗り上げた壁である。

20 色の三原色は、白、黄及び赤である。

21 RC造は、鉄筋コンクリート造の略称である。

22 建築基準法関係法令によれば、階段に代わる傾斜路は、表面を粗面とし、又はすべりにくい材料で仕上げなければならない。

23 日本産業規格(JIS)によれば、製図における長さの寸法の単位は、原則として、センチメートルである。

24 耐火構造における壁、梁、床及び屋根の耐火性能は、発火温度で表す。

25 労働安全衛生法関係法令によれば、事業者は、3m以上の高所から物体を投下するときは、適当な投下設備を設け、監視人を置く等労働者の危険を防止するための措置を講じなければならない。

［B群（多肢択一法）］

1 左官用工具及び機械器具に関する記述として、適切なものはどれか。
 イ　サンドペーパーの粒度は、番数が大きくなるほど粗くなる。
 ロ　高圧水洗浄機は、表面が風化したモルタルやほこり等を除去するのに使用する。
 ハ　機械鏝は、コンクリート床仕上げに使用できない。
 ニ　モルタルポンプは、コンクリートの圧送に使用できる。

2 こまいかきに使用しない工具はどれか。
 イ　なた
 ロ　はさみ
 ハ　のこぎり
 ニ　くわ

3 下図(断面図)のコンクリートブロックの積み方として、適切なものはどれか。

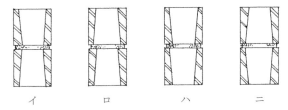

イ　　　　　ロ　　　　　ハ　　　　　ニ

4 次のうち、天井、床、梁などの高さを求めるための基準となる墨はどれか。
 イ　心墨
 ロ　つけ代墨
 ハ　ちり墨
 ニ　陸墨

5 擬木仕上げに関する記述として、適切でないものはどれか。
 イ　擬木は、セメント、砂、顔料などを使って、自然の樹木の形をまねて作ったものである。
 ロ　下塗りは、外側から塗り、横にくし目を入れる。
 ハ　枝の切り口面の中塗りには、肌わかれを防ぐために金鏝を使用する。
 ニ　年輪を書くときは、水引き具合を見計らい、ブラシではらって筋が付かなくなったときがよい。

6 漆喰塗りに関する記述として、適切でないものはどれか。
 イ　漆喰塗りの上塗り材料に入れるすさは、さらしすさが適している。
 ロ　漆喰塗りに使用する材料は、消石灰、すさ、のり等を練り混ぜたものである。
 ハ　漆喰にのり材を混入する目的は、保水性と作業性を良くするためである。
 ニ　漆喰塗りの作業中は、通風を良くする。

7 リシンかき落し仕上げに関する記述として、適切でないものはどれか。
　　イ　かき落しは、上塗りが完全に乾燥した後に行う方がよい。
　　ロ　目地棒を使用した場合、目地棒は、数日後に取り外した方がよい。
　　ハ　上塗りは、厚さ6mm以上に塗り付けるのがよい。
　　ニ　目地塗りの材料は、上塗りと同じ調合のものに寒水粉を混入して塗るとよい。

8 せっこうプラスター塗り工法に関する記述として、適切なものはどれか。
　　イ　せっこうプラスター塗りを行う場合には、塗り層ごとに必ず水湿しをしなければならない。
　　ロ　せっこうプラスターは、加水後、速やかに施工する必要がある。
　　ハ　せっこうプラスター塗りは、浴室内部の壁・天井塗り仕上げに適している。
　　ニ　せっこうプラスターの強度を増すためには、セメントを加えるとよい。

9 塗り壁の故障とその原因の組合せとして、適切でないものはどれか。
　　　　故障　　　　　原因
　　イ　噴裂　　　　消石灰の消化不良
　　ロ　かび　　　　材料の膨張
　　ハ　色むら　　　顔料の調合不良
　　ニ　白華　　　　雨水の浸入

10 材料の保管に関する記述として、最も適切なものはどれか。
　　イ　合成樹脂エマルションは、直射日光を避けた暗所に保管するとよい。
　　ロ　セメントの置場は、練り場に近い所であれば湿気の多い所でもよい。
　　ハ　セメント倉庫は、1日分の使用量を保管できる広さとするとよい。
　　ニ　せっこうプラスターは、製造後1年を経過したものであれば使用してもよい。

11 単管足場に使用しない部材はどれか。
　　イ　自在型クランプ
　　ロ　固定型ベース金具
　　ハ　単管ジョイント
　　ニ　パイプサポート

12 タイル張り施工法とモルタル下地仕上げの組合せとして、適切でないものはどれか。
　　　　施工法　　　　下地仕上げ
　　イ　積上げ張り　　金ぐし引き
　　ロ　圧着張り　　　木鏝押さえ
　　ハ　密着張り　　　木鏝押さえ
　　ニ　接着剤張り　　木鏝押さえ

［B群（多肢択一法）］

13　文中の（　　）内に当てはまる数値として、適切なものはどれか。
　　　公共建築工事標準仕様書によれば、補強コンクリートブロック造における1日の積上げ高さの上限は、（　　）m程度とする。
　　　　イ　1.0
　　　　ロ　1.2
　　　　ハ　1.6
　　　　ニ　2.0

14　左官用顔料に関する記述として、適切でないものはどれか。
　　　　イ　塗り材料の硬化を阻害しない。
　　　　ロ　日光や風雨等で変色しにくい。
　　　　ハ　耐アルカリ性である。
　　　　ニ　粉末の粒度が大きいほど、着色力が大きい。

15　材料に関する記述として、適切でないものはどれか。
　　　　イ　消石灰は、水硬性材料である。
　　　　ロ　ポルトランドセメントは、水硬性材料である。
　　　　ハ　せっこうプラスターは、気硬性材料である。
　　　　ニ　ドロマイトプラスターは、気硬性材料である。

16　すさとその原料の組合せとして、適切でないものはどれか。
　　　　　　すさ　　　　　　　　原料
　　　　イ　紙すさ　　　　　　みつまたの繊維
　　　　ロ　白毛すさ　　　　　マニラ麻の繊維
　　　　ハ　さらしすさ　　　　紙
　　　　ニ　みじんすさ　　　　わら

17　せっこう置き引き工法に関する記述として、適切でないものはどれか。
　　　　イ　原寸図を元にあらかじめ部材を作り、現場において取り付ける工法である。
　　　　ロ　設計図から原寸を転写する台紙は、美濃紙又はトレーシングペーパーがよい。
　　　　ハ　引き台から部材を容易にとるため、石けんを使用することがある。
　　　　ニ　中込めは、部材の肉厚が少ないときに使用する。

18　左官装飾(彫刻)に使用する材料として、適切でないものはどれか。
　　　　イ　白色ポルトランドセメントを主体にしたもの
　　　　ロ　漆喰を主体にしたもの
　　　　ハ　せっこうを主体にしたもの
　　　　ニ　セルフレベリング材を主体にしたもの

19　無彩色はどれか。
　　　イ　赤
　　　ロ　青
　　　ハ　黄
　　　ニ　白

20　鉄筋の継手として、使用しないものはどれか。
　　　イ　ガス圧接継手
　　　ロ　重ね継手
　　　ハ　リベット継手
　　　ニ　機械式継手

21　建築基準法関係法令において、建築物の主要構造部でないものはどれか。
　　　イ　階段
　　　ロ　壁
　　　ハ　付け柱
　　　ニ　屋根

22　階段に関係しないものはどれか。
　　　イ　ささら桁
　　　ロ　踏面
　　　ハ　母屋桁
　　　ニ　けあげ

23　日本産業規格(JIS)の建築製図通則によれば、次の平面表示記号が表すものはどれか。
　　　イ　引違い戸
　　　ロ　両開きとびら
　　　ハ　引違い窓
　　　ニ　出入口一般

24　建築基準法関係法令において、不燃材料でないものはどれか。
　　　イ　陶磁器質タイル
　　　ロ　合板
　　　ハ　漆喰
　　　ニ　コンクリート

［B群（多肢択一法）］

25　文中の(　　)内に当てはまる数値として、正しいものはどれか。
　　　労働安全衛生法関係法令によれば、つり足場の作業床は、幅を(　　)cm以上とし、
　　かつ、隙間がないようにすることとされている。
　　　　イ　20
　　　　ロ　30
　　　　ハ　40
　　　　ニ　50

令和4年度 技能検定
1級 左官 学科試験問題
（左官作業）

1. 試験時間　1時間40分
2. 問題数　50題(A群25題、B群25題)
3. 注意事項
   （1）　係員の指示があるまで、この表紙はあけないでください。
   （2）　答案用紙(真偽法と多肢択一法の併用)に検定職種名、作業名、級別、受検番号、氏名を必ず記入してください。
   （3）　係員の指示に従って、問題数を確かめてください。それらに異常がある場合は、黙って手を挙げてください。問題はA群(真偽法)とB群(多肢択一法)とに分かれています。
   （4）　試験開始の合図で始めてください。
   （5）　解答の方法(真偽法と多肢択一法の併用)は次のとおりです。
   　　　イ．　A群の問題(真偽法)は、一つ一つの問題の内容が正しいか、誤っているかを判断して解答してください。
   　　　ロ．　B群の問題(多肢択一法)は、正解と思うものを一つだけ選んで、解答してください。二つ以上に解答した場合は誤答となります。
   　　　ハ．　答案用紙(マークシート用紙)へ解答する際は、答案用紙に記載されている注意事項に従ってください。
   　　　ニ．　答案用紙の解答欄は、A群の問題とB群の問題とでは異なります。所定の解答欄に、試験問題の題数に応じて解答してください。解答欄はA群は50題まで、B群は25題まで解答できるようになっています。
   （6）　電子式卓上計算機その他これと同等の機能を有するものは、使用してはいけません。
   （7）　携帯電話、スマートフォン、ウェアラブル端末等は、使用してはいけません。
   （8）　試験中、質問があるときは、黙って手を挙げてください。ただし、試験問題の内容、漢字の読み方等に関する質問にはお答えできません。
   （9）　試験終了時刻前に解答ができあがった場合は、黙って手を挙げて、係員の指示に従ってください。
   （10）　試験中に手洗いに立ちたいときは、黙って手を挙げて、係員の指示に従ってください。
   （11）　試験終了の合図があったら、筆記用具を置き、係員の指示に従ってください。

［A群（真偽法）］

1　人造石現場テラゾー工法における研ぎ仕上げ用のといしには、浄源寺といしが適している。

2　土壁の中塗りには、油焼き鏝よりも黒打ち鏝を使用する方がよい。

3　ALCパネルは、PCa(プレキャストコンクリート)パネルよりも表面の強度が高い。

4　墨出しにおいて、次の墨印は、一般に、訂正墨を表す。

5　地墨は、天井、床、梁等の高さを求めるための基準となる墨である。

6　蛇腹引き工法には、現場引き工法と置き引き工法がある。

7　せっこうプラスター仕上げは、外壁の仕上げに適している。

8　アルミナセメントは、一般に、耐火性や耐食性に優れている。

9　ドロマイトプラスターは、水硬性である。

10　せっこうプラスター塗りにおいて、下地に塗り材の水分が急激に吸収されると、塗り層にドライアウトを生じるおそれがある。

11　セメントモルタルは、混練する砂が細かすぎると、施工後に網状ひび割れを起こすおそれがあるので、粗目の砂を混ぜる等して粒度を調整する必要がある。

12　左官工事に使用するセメント、プラスター等の袋物の材料は、風通しのよい床に直置きして保管するとよい。

13　左官工事において、建築物の外部の高所における仕上げ作業用の足場としては、脚立足場が適している。

14　日本産業規格(JIS)によれば、タイルの吸水率は、I類よりもIII類の方が高い。

15　コンクリートのスランプ値は、軟練りのコンクリートほど小さくなる。

16 既調合せっこうプラスターの主原料は、石灰石である。

17 白毛すさは、漆喰塗り仕上げの上塗りに使用するものである。

18 セメントスタッコは、厚付け仕上塗材の一つである。

19 建築基準法関係法令によれば、人造石は、耐水材料に含まれない。

20 ステンシル工法とは、壁などに仕上げ型紙を貼り付け、その上に仕上げ材を塗り付けた後、型紙を剥がすことで模様を描き出す工法をいう。

21 RC造とは、鉄骨骨組みの周りに鉄筋を配し、その外側に型枠を組んで、コンクリートを打ち込んだ構造のことをいう。

22 下図の屋根形状は、寄棟屋根である。

23 和小屋組は、一般に、洋小屋組のような梁間の大きい建築物に適している。

24 日本産業規格(JIS)の建築製図通則によれば、次の平面表示記号は、出入口一般を表す。

25 労働安全衛生法関係法令によれば、脚立については、脚と水平面との角度を75度以下とし、かつ、折りたたみ式のものにあっては、脚と水平面との角度を確実に保つための金具等を備えることとしている。

［B群（多肢択一法）］

1 鏝に関する記述として、適切でないものはどれか。
 イ　丸窓面引き鏝は、円形の角面仕上げに使用する。
 ロ　鋼本焼き引き鏝は、細壁やちり際等のみがきに使用する。
 ハ　らお面引き鏝は、出隅部等の角に丸味をつけるのに使用する。
 ニ　几帳面引き鏝は、上塗り仕上げの波消しとして使用する。

2 左官工事で使用する器工具に関する記述として、適切なものはどれか。
 イ　タッカーは、コンクリートやセメントモルタルを締め固めるのに使用する。
 ロ　高圧水洗浄機は、表面が風化したセメントモルタルやほこり等を除去するのに使用する。
 ハ　機械鏝は、コンクリート床面の直仕上げには適していない。
 ニ　下塗りに使用する鏝は、一般に、硬い材質のものが適している。

3 木ずり下地に関する記述として、適切でないものはどれか。
 イ　継手の位置は、なるべく同一の受け材上に揃える。
 ロ　木ずり用小幅板は、厚さ7mmで幅40mm程度のものを使用する。
 ハ　木ずり用小幅板の材質は、スギやヒノキが適しており、心去り材で製材後1か月以上が経過し、なるべく乾燥したものを使用する。
 ニ　木ずりの留付け方向は、なるべく受け材に対して直角とする。

4 下地幅1mの柱において、心墨が柱に向かって右寄り50cm・左寄り49cmの位置にある場合、付け送りとして、適切なものはどれか。
 イ　右側へ5mm
 ロ　左側へ5mm
 ハ　右側へ10mm
 ニ　左側へ10mm

5 木造建築物において、柱の幅寸法が12cm以下の場合、柱のちりの見出し寸法として、適切なものはどれか。
 イ　柱幅の1／2
 ロ　柱幅の1／3
 ハ　柱幅の1／4
 ニ　柱幅の1／5

6 現場調合せっこうプラスター塗り工法に関する記述として、適切なものはどれか。
 イ　塗り作業中及び作業終了後は、通風を良くして早く乾燥させる。
 ロ　上塗りは、中塗りが半乾燥のときに行う。
 ハ　せっこうプラスターの混練時の水量を多くすると、せっこうプラスターの凝結時間を短くすることができる。
 ニ　上塗りにおけるせっこうプラスターの混練後の可使時間は、一般に、加水から2時間程度とされている。

［B群（多肢択一法）］

7 漆喰用糊として、一般に、使用しないものはどれか。
　　イ　非水溶性樹脂
　　ロ　粉角又
　　ハ　ぎんなん草
　　ニ　セメント混和用ポリマー

8 リシンかき落し仕上げに関する記述として、適切でないものはどれか。
　　イ　かき落しは、かき落し材の凝結硬化の初期に行うのがよい。
　　ロ　目地棒の取外しは、目地棒とその周囲が乾燥した後に行うのがよい。
　　ハ　かき落し材の塗付けは、角測りを行った後、目地棒の周囲を塗り、最後に中央
　　　　(平面)部分を塗るのがよい。
　　ニ　上塗りは、一般に、厚さ4mm程度に塗り付けるのがよい。

9 セメントモルタル塗り工法の壁下地として、適切でないものはどれか。
　　イ　せっこうラスボード
　　ロ　コンクリートブロック
　　ハ　現場打ちコンクリート
　　ニ　PCa(プレキャストコンクリート)パネル

10 こまい壁塗りに関する記述として、適切なものはどれか。
　　イ　荒壁塗り、中塗り、仕上げ塗りの順に塗り厚が厚くなる。
　　ロ　水合わせ期間中は、切り返し(練り返し)を行わない方がよい。
　　ハ　裏返し塗りは、土塗り壁の強度に影響するので、必ず行う。
　　ニ　こまい竹の間隔は、1cm程度とする。

11 左官工事における塗り壁の故障の原因に関する記述として、適切でないものはどれか。
　　イ　顔料の調合不良は、色むらの原因となる。
　　ロ　風化したセメントを使用すると、硬化不良の原因となる。
　　ハ　消化不良の消石灰を使用すると、噴裂の原因となる。
　　ニ　貧調合のセメントモルタルを使用すると、収縮ひび割れの原因となる。

12 人造石小叩き仕上げの施工順序として、適切なものはどれか。
　　イ　墨出し → 目地棒張付け → セメントペースト塗り → 種石塗付け → 種石伏
　　　　せ込み → 洗い出し → 叩き仕上げ
　　ロ　墨出し → セメントペースト塗り → 目地棒張付け → 種石伏せ込み → 種石
　　　　塗付け → 洗い出し → 叩き仕上げ
　　ハ　墨出し → 目地棒張付け → 種石伏せ込み → セメントペースト塗り → 種石
　　　　塗付け → 洗い出し → 叩き仕上げ
　　ニ　セメントペースト塗り → 墨出し → 目地棒張付け → 種石塗付け → 種石伏
　　　　せ込み → 洗い出し → 叩き仕上げ

［B群（多肢択一法）］

13 移動式足場(ローリングタワー)の使用上の注意に関する記述として、適切でないものはどれか。
　　イ　脚輪のブレーキは、移動中を除き、常に作動させておく。
　　ロ　作業員を乗せたまま移動しない。
　　ハ　材料等を載せる場合は、転倒を防ぐため、偏心しないようにする。
　　ニ　最大積載荷重には、作業床上の作業者の荷重は含めない。

14 木造軸組工法に関する記述として、適切でないものはどれか。
　　イ　筋かいは、地震や風などの水平力に抵抗させるために入れる部材である。
　　ロ　間柱は、柱と柱の間に補足して立てる柱相当の垂直材である。
　　ハ　垂木は、屋根下地を支えるために、棟から母屋、軒桁にかけ渡す部材である。
　　ニ　胴差しは、小屋組の頂部をつなぐ部材である。

15 タイル張り工事において、予め施工したセメントモルタル下地面に張付けセメントモルタルを塗り、セメントモルタルが軟らかいうちにタイル裏面にも同じセメントモルタルを塗って壁又は床タイルを張り付ける工法はどれか。
　　イ　密着張り
　　ロ　改良圧着張り
　　ハ　圧着張り
　　ニ　改良積上げ張り

16 文中の(　　)内に当てはまる語句の組合せとして、適切なものはどれか。
　　普通ポルトランドセメントの主原料は、(　①)と(　②)である。
　　　　　　　①　　　　　②
　　イ　みかげ石　　　粘土
　　ロ　石灰石　　　　粘土
　　ハ　アルミナ　　　石灰石
　　ニ　火山灰　　　　粘土

17 左官用顔料に求められる条件として、一般に、適切でないものはどれか。
　　イ　不溶性で、分散性に優れていること。
　　ロ　耐候性や耐アルカリ性に優れていること。
　　ハ　淡色であること。
　　ニ　粉末度が高いこと。

18 下地に使用するラスに関する記述として、適切なものはどれか。
　　イ　メタルラスには、ひし形ラス、甲形ラス及び丸形ラスがある。
　　ロ　ラスシートは、角波亜鉛鉄板の上面にメタルラスを溶接したものである。
　　ハ　メタルラスは、号数が大きくなるほど単位面積当たりの質量が小さくなる。
　　ニ　ワイヤラスには、平ラス、こぶラス、波形ラス及びリブラスがある。

19 せっこう系SL(セルフレベリング)材に関する記述として、一般に、適切なものはどれか。
    イ　主原料は、α型せっこうである。
    ロ　耐水性が良い。
    ハ　鉄部等に接触しても、錆を発生させるおそれがない。
    ニ　使用に当たり、下地への吸水調整材の塗布は不要である。

20 次のうち、無彩色はどれか。
    イ　黄色
    ロ　黒色
    ハ　緑色
    ニ　赤色

21 建築基準法関係法令によれば、地階のない2階建ての鉄筋コンクリート造の建築物において、鉄筋に対するコンクリートの最小かぶり厚さの規定値が最も大きい部位はどれか。
    イ　基礎(布基礎の立上り部分及び捨コンクリートの部分を除く。)
    ロ　耐力壁
    ハ　床
    ニ　柱

22 建築基準法関係法令によれば、建築物の主要構造部に含まれないものはどれか。
    イ　梁
    ロ　間柱
    ハ　屋根
    ニ　階段

23 日本産業規格(JIS)の建築製図通則によれば、保温吸音材を表す材料構造表示記号はどれか。

    イ   ロ   ハ   ニ

24 文中の(　)内に当てはまる語句として、適切なものはどれか。
    建築基準法関係法令によれば、主要構造部が耐火構造である建築物であって、(　)の開口部で延焼のおそれのある部分に、防火戸その他の政令で定める防火設備を有するものは、耐火建築物である。
    イ　屋上床
    ロ　内壁
    ハ　外壁
    ニ　間仕切壁

［B群（多肢択一法）］

25 文中の(　　)内に当てはまる数値の組合せとして、適切なものはどれか。

　　労働安全衛生法関係法令によれば、単管足場の壁つなぎ又は控えの間隔は、垂直方向を(①)m以下、水平方向を(②)m以下とすることとしている。

	①	②
イ	5	5.5
ロ	6	6.5
ハ	7	7.5
ニ	8	8.5

令和3年度 技能検定
1級 左官 学科試験問題
（左官作業）

1. 試験時間　1時間40分
2. 問題数　　50題(A群25題、B群25題)
3. 注意事項
 （1）　係員の指示があるまで、この表紙はあけないでください。
 （2）　答案用紙(真偽法と多肢択一法の併用)に検定職種名、作業名、級別、受検番号、氏名を必ず記入してください。
 （3）　係員の指示に従って、問題数を確かめてください。それらに異常がある場合は、黙って手を挙げてください。問題はA群(真偽法)とB群(多肢択一法)とに分かれています。
 （4）　試験開始の合図で始めてください。
 （5）　解答の方法(真偽法と多肢択一法の併用)は次のとおりです。
 　イ．　A群の問題(真偽法)は、一つ一つの問題の内容が正しいか、誤っているかを判断して解答してください。
 　ロ．　B群の問題(多肢択一法)は、正解と思うものを一つだけ選んで、解答してください。二つ以上に解答した場合は誤答となります。
 　ハ．　答案用紙(マークシート用紙)へ解答する際は、答案用紙に記載されている注意事項に従ってください。
 　ニ．　答案用紙の解答欄は、A群の問題とB群の問題とでは異なります。所定の解答欄に、試験問題の題数に応じて解答してください。解答欄はA群は50題まで、B群は25題まで解答できるようになっています。
 （6）　電子式卓上計算機その他これと同等の機能を有するものは、使用してはいけません。
 （7）　携帯電話、スマートフォン、ウェアラブル端末等は、使用してはいけません。
 （8）　試験中、質問があるときは、黙って手を挙げてください。ただし、試験問題の内容、漢字の読み方等に関する質問にはお答えできません。
 （9）　試験終了時刻前に解答ができあがった場合は、黙って手を挙げて、係員の指示に従ってください。
 （10）　試験中に手洗いに立ちたいときは、黙って手を挙げて、係員の指示に従ってください。
 （11）　試験終了の合図があったら、筆記用具を置き、係員の指示に従ってください。

［A群（真偽法）］

1 人造石現場テラゾー工法における仕上げといしには、120番程度の金剛といしが適している。

2 ドロマイトプラスターの上塗りに使用する鏝としては、水ごね撫鏝が適している。

3 ドロマイトプラスター塗り壁の木ずり下地における木ずりの隙間は、7mm程度とする。

4 梁や柱などの逃げ墨には、一般に、基準墨からの寸法を表示する。

5 墨出しにおける寸法の単位には、一般に、センチメートル(cm)を用いる。

6 せっこうプラスター仕上げにおけるセメントモルタル下地へのせっこうプラスターの下塗りは、下地のセメントモルタルの塗付け後、セメントモルタルが完全に乾燥する前に行うとよい。

7 せっこうプラスター仕上げは、浴室内部の壁の仕上げに適している。

8 繊維壁は、施工後、通風を良くして早く乾燥させた方がよい。

9 蛇腹引き工法における置き引き工法とは、予め引型で蛇腹を作製しておき、それを建物の所定の位置に張り付けていく工法をいう。

10 色モルタル塗り仕上げは、冬期に施工する場合、一般に、夏期よりも白華(エフロレッセンス)が発生しやすく、色むらになりやすい。

11 コンクリート下地の表面に発生したレイタンスは、その上に塗り付けるセメントモルタルの剥離の原因となる。

12 左官工事に使用する材料の保管場所の床は、地面から30cm以上の高さとする。

13 足場の積載荷重には、足場上の作業者の荷重は含まれない。

14 補強コンクリートブロック積みにおいて、ブロックは、シェル厚の厚い方を下にして積む。

15 コンクリートのスランプ値は、硬練りのコンクリートほど小さくなる。

16 既調合せっこうプラスターの主原料は、焼きせっこうである。

［A群（真偽法）］

17 セメントモルタルは、一般に、養生温度が低いほど硬化時間が早くなり、強度も高くなる。

18 バーミキュライトには、真珠石系と黒曜石系がある。

19 建築基準法関係法令によれば、れんが、石、コンクリート及びガラスは、いずれも耐水材料である。

20 下図の装飾模様は、なまこ壁の七宝模様である。

21 鉄筋コンクリートにおけるかぶり厚さとは、鉄筋表面からこれを覆うコンクリート表面までの最短距離をいう。

22 下図の屋根形状は、切妻屋根である。

23 洋小屋組は、一般に、和小屋組よりも梁間の大きい建築物に適している。

24 日本産業規格(JIS)の建築製図通則によれば、次の材料構造表示記号は、軽量壁一般を表す。

25 労働安全衛生法関係法令によれば、鋼管の単管足場における建地間の積載荷重は、原則として、500kgを限度とすることとされている。

［B群（多肢択一法）］

1 左官工事における機械とその用途の組合せとして、適切でないものはどれか。

機械	用途
イ パワートロウエル(機械鏝)	コンクリート床の直仕上げ
ロ タンパー	床面ならし
ハ バイブレータ	コンクリートのはつり
ニ ポリッシャー	つや出し

2 主に屋根漆喰に使用する鏝として、適切なものはどれか。
　　イ　れんが鏝
　　ロ　ひびつけ鏝
　　ハ　三角形れんが鏝
　　ニ　面戸鏝(鶴首鏝)

3 ALCパネル下地に関する記述として、適切でないものはどれか。
　　イ　断熱性に優れた壁・床材料である。
　　ロ　コンクリート下地よりも圧縮強度が高い。
　　ハ　下地面に不陸がある場合は、下地調整塗材で処理する。
　　ニ　コンクリート下地よりも吸水性が大きい。

4 墨出しにおける墨に関する記述として、適切でないものはどれか。
　　イ　心墨は、壁、出入り口等の構造体や部材の中心線を示す。
　　ロ　地墨は、基本となる墨の一つで、壁面に打たれる。
　　ハ　陸墨は、天井、床、梁等の高さを求めるための基準となる。
　　ニ　ちり墨は、壁の周囲の柱のちり幅を一定にするためのものである。

5 リシンかき落し仕上げに関する記述として、適切でないものはどれか。
　　イ　かき落しは、かき落し材の凝結硬化の初期に行うのがよい。
　　ロ　目地棒の取外しは、目地棒とその周囲が乾燥した後に行うのがよい。
　　ハ　かき落し材の塗付けは、中央(平面)部分を塗り付けた後、角測りを行い、最後に
　　　　目地棒の周囲を塗るのがよい。
　　ニ　上塗りは、一般に、厚さ6mm以上に塗り付けるのがよい。

6 漆喰用糊として、一般に、使用しないものはどれか。
　　イ　ぎんなん草
　　ロ　粉角又
　　ハ　空気連行剤(AE剤)
　　ニ　水溶性樹脂(メチルセルロース)

7 せっこうラスボード下地の現場調合せっこうプラスター塗り工法において、せっこう
  プラスター：砂の調合(容積比)として、適切なものはどれか。

	下塗り	中塗り	上塗り
イ	1：2	1：3	1：1
ロ	1：1.5	1：2	1：1
ハ	1：1.5	1：2	1：0
ニ	1：2	1：4	1：0

8 繊維壁塗り工法に関する記述として、適切でないものはどれか。
   イ 繊維壁材は、既調合材の一種である。
   ロ 繊維壁は、一般に、下地が未乾燥の状態で仕上げる。
   ハ 繊維壁は、吸音性がよく、室内空気の調湿作用がある。
   ニ 繊維壁材は、独特の多様な表面模様が得られる。

9 ドロマイトプラスター塗り工法に関する記述として、適切でないものはどれか。
   イ ドロマイトプラスターは、粘性があるので、糊材を必要としない。
   ロ ドロマイトプラスターは、漆喰に比べて乾燥が速く、乾燥後の表面硬度も高い。
   ハ 上塗りは、中塗りが半乾燥のときに水引き具合を見計らって行う。
   ニ 塗り作業中は、できるだけ現場の風通しを良くする。

10 こまい壁塗りに関する記述として、適切なものはどれか。
   イ 荒壁塗り、中塗り、仕上げ塗りの順に塗り厚が薄くなる。
   ロ 水合わせ期間中は、切り返し(練り返し)を行わない方がよい。
   ハ こまい竹の間隔は、1cm程度とする。
   ニ 裏返し塗りを行わなくても、土塗り壁の強度には影響がない。

11 文中の( )内に当てはまる数値の組合せとして、適切なものはどれか。
   日本建築学会建築工事標準仕様書(JASS 15)によれば、セルフレベリング材塗り工
  法において、セルフレベリング材の流し込み後から床仕上げまでの養生期間は、特記
  がなければ(①)日以上かつ 30 日以内を標準とする。ただし、冬季で(②)日以上か
  つ 30 日以内を標準とする。

	①	②
イ	5	10
ロ	7	14
ハ	10	12
ニ	14	10

［B群（多肢択一法）］

12 セメントモルタル下地の人造石洗い出し仕上げの施工順序として、適切なものはどれか。
　　イ　墨出し → 水湿し → あまこすり → 上塗り → 伏せ込み → 洗い出し
　　ロ　あまこすり → 墨出し → 上塗り → 伏せ込み → 水湿し → 洗い出し
　　ハ　あまこすり → 墨出し → 伏せ込み → 上塗り → 水湿し → 洗い出し
　　ニ　墨出し → 水湿し → 伏せ込み → 上塗り → あまこすり → 洗い出し

13 セメントモルタルの圧送に関する記述として、適切でないものはどれか。
　　イ　配管を長くする場合は、まっすぐにするよりも少し蛇行させる方がよい。
　　ロ　配管のつぶれや折れ目は、閉そくの原因となる。
　　ハ　圧送をやむを得ず中断する場合、中断する時間の限度は60分である。
　　ニ　セメントモルタルは、水とセメントペーストで輸送管を湿潤させてからホッパーに投入する。

14 木造建築物の部材とその使用場所の組合せとして、適切でないものはどれか。
　　　　　　部材　　　　使用場所
　　イ　野縁　　　　　屋根
　　ロ　根太　　　　　床
　　ハ　ささら桁　　　階段
　　ニ　胴縁　　　　　壁

15 タイル張り工事において、タイル張り用振動工具を使用してタイルを張る工法はどれか。
　　イ　密着張り
　　ロ　モザイクタイル張り
　　ハ　改良積上げ張り
　　ニ　圧着張り

16 ポルトランドセメントの主原料の組合せとして、適切なものはどれか。
　　イ　みかげ石と粘土
　　ロ　石灰石と粘土
　　ハ　アルミナと石灰石
　　ニ　火山灰と粘土

17 次のうち、水硬性材料でないものはどれか。
　　イ　ポルトランドセメント
　　ロ　アルミナセメント
　　ハ　高炉セメント
　　ニ　ドロマイトプラスター

18 文中の( )内に当てはまる数値として、適切なものはどれか。
日本建築学会建築工事標準仕様書(JASS 15)によれば、ALCパネル床下地には、厚さ
( )mm以上の床用ALCパネルを使用することとされている。
イ 75
ロ 100
ハ 150
ニ 200

19 下地に使用するラスに関する記述として、適切でないものはどれか。
イ メタルラスには、平ラス、こぶラス、波形ラス、リブラスなどがある。
ロ ラスシートは、角波亜鉛鉄板の上面にメタルラスを溶接したものである。
ハ メタルラスは、号数が大きくなるほど単位面積当たりの質量が小さくなる。
ニ ワイヤラスには、ひし形ラス、甲形ラス及び丸形ラスがある。

20 次の色彩の組合せのうち、暖色が含まれていないものはどれか。
イ 白・紫・青
ロ 橙・紫・青
ハ 白・緑・黄
ニ 黄・黒・青

21 下図に示すれんがの積み方のうち、イギリス積みを示すものはどれか。

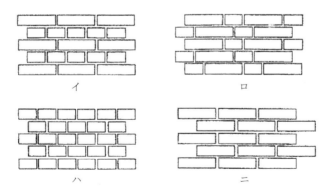

　　　イ　　　　　　　　　　ロ

　　　ハ　　　　　　　　　　ニ

22 下図に示すれんが積みの目地形状のうち、しのぎ目地を示すものはどれか。

　　イ　　　　ロ　　　　ハ　　　　ニ

［B群（多肢択一法)〕

23 日本産業規格(JIS)の建築製図通則によれば、次の平面表示記号が表すものはどれか。
    イ　引違い戸
    ロ　引違い窓　　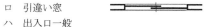
    ハ　出入口一般
    ニ　シャッター

24 文中の(　　)内に当てはまる数値として、適切なものはどれか。
  建築基準法関係法令によれば、居室の天井の高さは、(　　)m以上でなければならないとされている。
    イ　2.1
    ロ　2.4
    ハ　2.7
    ニ　3.0

25 文中の(　　)内に当てはまる数値として、適切なものはどれか。
  労働安全衛生法関係法令によれば、高さ5m以上のわく組足場の壁つなぎの間隔は、垂直方向を9m以下、水平方向を(　　)m以下とすることとされている。
    イ　5
    ロ　6
    ハ　7
    ニ　8

令和2年度 技能検定
1級 左官 学科試験問題
（左官作業）

1. 試験時間　　1時間40分
2. 問題数　　　50題(A群25題、B群25題)
3. 注意事項
   （1）　係員の指示があるまで、この表紙はあけないでください。
   （2）　答案用紙(真偽法と多肢択一法の併用)に検定職種名、作業名、級別、受検番号、氏名を必ず記入してください。
   （3）　係員の指示に従って、問題数を確かめてください。それらに異常がある場合は、黙って手を挙げてください。問題はA群(真偽法)とB群(多肢択一法)とに分かれています。
   （4）　試験開始の合図で始めてください。
   （5）　解答の方法(真偽法と多肢択一法の併用)は次のとおりです。
   　　イ．　A群の問題(真偽法)は、一つ一つの問題の内容が正しいか、誤っているかを判断して解答してください。
   　　ロ．　B群の問題(多肢択一法)は、正解と思うものを一つだけ選んで、解答してください。二つ以上に解答した場合は誤答となります。
   　　ハ．　答案用紙(マークシート用紙)へ解答する際は、答案用紙に記載されている注意事項に従ってください。
   　　ニ．　答案用紙の解答欄は、A群の問題とB群の問題とでは異なります。所定の解答欄に、試験問題の題数に応じて解答してください。解答欄はA群は50題まで、B群は25題まで解答できるようになっています。
   （6）　電子式卓上計算機その他これと同等の機能を有するものは、使用してはいけません。
   （7）　携帯電話、スマートフォン、ウェアラブル端末等は、使用してはいけません。
   （8）　試験中、質問があるときは、黙って手を挙げてください。ただし、試験問題の内容、漢字の読み方等に関する質問にはお答えできません。
   （9）　試験終了時刻前に解答ができあがった場合は、黙って手を挙げて、係員の指示に従ってください。
   （10）　試験中に手洗いに立ちたいときは、黙って手を挙げて、係員の指示に従ってください。
   （11）　試験終了の合図があったら、筆記用具を置き、係員の指示に従ってください。

［A群（真偽法）］

1　サンドペーパーの粒度は、番数が小さくなるほど細かくなる。

2　本焼き鏝は、仕上げや磨きに使用される。

3　コンクリートのレイタンスは、モルタル塗りにおける剥離などの原因となる。

4　壁の入隅部(切付け部)を仕上げる場合には、逃げ墨を基準にして切付け墨を打つとよい。

5　木造真壁のちり墨は、一般に、柱幅寸法が12cm以下の場合、柱の太さの1/4入った位置に打つとよい。

6　蛇腹用引型は、スギやヒノキなどの木口切りの木片で作成し、これに亜鉛板等を張り付けて作る。

7　上塗り用のドロマイトプラスターには、白毛すさを混入する。

8　リシンかき落し塗り仕上げは、上塗りが完全に乾燥した後、かき落とすとよい。

9　ドライウォール工法は、ボード類を壁や天井などに取り付けて施工する乾式工法である。

10　コンクリート下地の脆弱部分は、セメントペーストを塗れば、はつり取らなくてもよい。

11　木造建築物の外壁に波形1号ラスを張る場合は、開口部周りに平ラスを重ね張りすると、上塗りのひび割れ防止に効果がある。

12　セメントの保管場所の床は、地面から10cm以下の高さとする。

13　左官工事現場での排水は、沈殿ピットを設置するなどして、下水道に直接、排水してはならない。

14　日本産業規格(JIS)によれば、タイルの吸水率は、Ⅰ類よりもⅢ類の方が低い。

15　コンクリートのスランプ値は、硬練りのものほど大きい。

16　パーライトは、保温性や断熱性が悪い。

17　早強ポルトランドセメントは、粉末度を低くして早強性を図ったものである。

18　ドロマイトプラスターの特徴として、初期強度が大きいために収縮が大きくなり、ひび割れが目立つことがある。

19　タイルの伸縮調整目地部には、シーリング材を使用する。

20　影盛漆喰は、屋根の棟面戸に使用されるものである。

21　ツーバイフォー工法は、鉄骨造建築物の工法の一つである。

22　下図のような板の接合方法を、合じゃくりという。

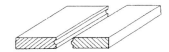

23　下図の屋根の形状は、寄棟屋根である。

24　日本産業規格(JIS)の建築製図通則によれば、次は、左官仕上を表す材料構造表示記号である。

25　労働安全衛生法関係法令によれば、3m以上の高所から物体を投下するときは、監視人を置けば、そのまま投下してもよい。

［B群（多肢択一法）］

1 鏝に関する記述として、適切でないものはどれか。
 イ 大津通し鏝は、漆喰やせっこうプラスターなどの仕上げに使用する。
 ロ 波消し鏝は、のりごね京壁などの仕上げに使用する。
 ハ 木鏝は、むら取りなどに使用する。
 ニ 面引き鏝は、切付け部の引き通しに使用する。

2 次の鏝のうち、中首鏝でないものはどれか。
 イ 角鏝
 ロ れんが鏝
 ハ 上げ裏鏝
 ニ こなし鏝

3 モルタル塗り下地に関する記述として、適切でないものはどれか。
 イ コンクリート下地は、吸水調整材塗りを省略できる。
 ロ ラス系下地は、木造や鉄骨造の内外壁などに使用される。
 ハ ALCパネル下地は、気泡コンクリート製品なので、吸水調整材塗りを行うと施工しやすい。
 ニ 木毛セメント板下地は、収縮が大きいので、継目等にメタルラスなどを張ってひび割れを防止する。

4 柱に向かって、下地幅1mの柱の心墨が右寄り49cm、左寄り50cmのところにある場合の付け送りとして、適切なものはどれか。
 イ 左側へ10cm
 ロ 右側へ10mm
 ハ 右側へ10cm
 ニ 左側へ10mm

5 セメントモルタル塗りにくし目を入れる目的として、適切でないものはどれか。
 イ 塗付けを容易にするため。
 ロ 塗りずれを防止するため。
 ハ 接着面積を減少させるため。
 ニ 上に塗るモルタルをはがれにくくするため。

6 セメントモルタル塗り工法の壁下地として、適切でないものはどれか。
 イ プレキャストコンクリート部材
 ロ コンクリートブロック
 ハ コンクリート
 ニ せっこうボード

7 人造石洗い出しの施工順序として、最も適切なものはどれか。
 イ 墨出し(目地割り) → 水湿し → 目地棒の張付け → あまこすり、上塗り材塗付け → 伏せ込み → 洗い出し → 目地棒の抜取り → 目地塗り仕上げ → 酸洗い
 ロ 墨出し(目地割り) → 目地棒の張付け → 水湿し → あまこすり、上塗り材塗付け → 伏せ込み → 洗い出し → 目地棒の抜取り → 目地塗り仕上げ → 酸洗い
 ハ 墨出し(目地割り) → 水湿し → 目地棒の張付け → 伏せ込み → あまこすり、上塗り材塗付け → 洗い出し → 目地棒の抜取り → 目地塗り仕上げ → 酸洗い
 ニ 墨出し(目地割り) → 水湿し → あまこすり、上塗り材塗付け → 目地棒の張付け → 伏せ込み → 洗い出し → 目地棒の抜取り → 目地塗り仕上げ → 酸洗い

8 軽量骨材仕上げ工法に関する記述として、適切でないものはどれか。
 イ パーライトやバーミキュライト等を骨材として使用する。
 ロ 適用できる下地には、コンクリートやプレキャストコンクリート部材等がある。
 ハ 内壁の上部や天井の施工に使用できる。
 ニ 断熱性や防火性に劣る。

9 せっこうプラスター塗り工法に関する記述として、適切でないものはどれか。
 イ せっこうプラスターの塗り壁施工後は、通風を良くして早く乾燥させる。
 ロ せっこうプラスターの塗り壁が凝結した後は、適当な通風を行う。
 ハ せっこうプラスターを混練するときの水量は、多いと凝結時間が延びる。
 ニ せっこうプラスターは、混練後、上塗りは1時間30分以内に使用する。

10 セルフレベリング工法に関する記述として、適切でないものはどれか。
 イ せっこう系セルフレベリング材には、α型せっこうを用いる。
 ロ セルフレベリング材の供給方法は、粉体(袋物)を現場で練り混ぜるものと、スラリータイプで現場へ供給するものがある。
 ハ セルフレベリング工法では、材料を流し込んだ後、施工面を金鏝で十分に押さえなければならない。
 ニ セルフレベリング工法では、一般に、施工する前日に吸水調整材の塗布を1〜2回行う。

11 左官工事における故障の原因に関する記述として、適切でないものはどれか。
 イ 顔料の調合不良は、色むらの原因となる。
 ロ 風化したセメントを使用すると、硬化不良を起こす。
 ハ 消化不良の消石灰を使用すると、噴裂の原因となる。
 ニ 貧調合のモルタルを使用すると、表面強度が高くなる。

［B群（多肢択一法）］

12　建築工事工程表に記載しないものはどれか。
　　　　イ　工期
　　　　ロ　延べ床面積
　　　　ハ　構造
　　　　ニ　使用工具

13　移動式足場(ローリングタワー)の使用上の注意に関する記述として、適切でないものはどれか。
　　　　イ　脚輪のブレーキは、移動中を除き、2輪を作動させておく。
　　　　ロ　作業員を乗せたまま移動しない。
　　　　ハ　材料等を載せる場合は、転倒を防ぐため、偏心しないようにする。
　　　　ニ　作業床上で、脚立やはしご等を使用しない。

14　木造軸組工法に関する記述として、適切でないものはどれか。
　　　　イ　筋かいは、地震や風などの水平力に抵抗させるために入れる部材である。
　　　　ロ　間柱は、柱と柱の間に補足して立てる柱相当の垂直材である。
　　　　ハ　胴差しは、屋根下地を支えるために、棟から母屋、軒桁にかけ渡す部材である。
　　　　ニ　棟木は、小屋組の頂部をつなぐ部材である。

15　文中の(　　)内に当てはまる数値として、正しいものはどれか。
　　　建築基準法関係法令によれば、補強コンクリートブロック造の塀の高さは、原則として、(　　)m以下とすることとされている。
　　　　イ　2.2
　　　　ロ　3.2
　　　　ハ　4.2
　　　　ニ　5.2

16　気硬性材料でないものはどれか。
　　　　イ　消石灰
　　　　ロ　貝灰
　　　　ハ　ドロマイトプラスター
　　　　ニ　ポルトランドセメント

17　左官用顔料の要件に関する記述として、適切でないものはどれか。
　　　　イ　不溶性で、分散性に優れている。
　　　　ロ　耐候性や耐アルカリ性に優れている。
　　　　ハ　淡色である。
　　　　ニ　混入しても、材料の強度を著しく低下させない。

18 下地に使用するラスに関する記述として、適切でないものはどれか。
　　イ　メタルラスには、平ラス、こぶラス、波形ラス、リブラスなどがある。
　　ロ　ラスシートは、角波亜鉛鉄板の上面にメタルラスを溶接したものである。
　　ハ　防水紙付きリブラスは、単層下地通気構法に用いられる。
　　ニ　ラスシートの取付けは、溶接締めにする。

19 漆喰用の木ずり下地に使用する板の寸法(厚さ、幅)として、適切なものはどれか。
　　　　　　　厚さ　　　　　幅
　　イ　約12mm　　　約40mm
　　ロ　約 7mm　　　約40mm
　　ハ　約12mm　　　約91mm
　　ニ　約 7mm　　　約91mm

20 寒色系の色はどれか。
　　イ　黄
　　ロ　青
　　ハ　赤
　　ニ　橙

21 木造建築物の耐震性を良くするための記述として、適切でないものはどれか。
　　イ　屋根ふき材は、軽量である方がよい。
　　ロ　2階建の建築物は、広い部屋を階下に設ける方がよい。
　　ハ　平面や立面は、凹凸のない形状の方がよい。
　　ニ　2階建の建築物は、間仕切壁を上・下階とも同じ位置にした方がよい。

22 建築基準法関係法令において、建築物の主要構造部でないものはどれか。
　　イ　梁
　　ロ　屋根
　　ハ　付け柱
　　ニ　階段

23 日本産業規格(JIS)の建築製図通則によれば、次の材料構造表示記号が表すものはどれか。
　　イ　板ガラス
　　ロ　畳
　　ハ　砂利砂
　　ニ　コンクリート

［B群（多肢択一法）］

24　建築基準法関係法令において、耐水材料でないものはどれか。
　　　イ　せっこうボード
　　　ロ　アスファルト
　　　ハ　コンクリート
　　　ニ　れんが

25　文中の(　　)内に当てはまる数値として、正しいものはどれか。
　　　労働安全衛生法関係法令によれば、事業者は、高さ又は深さが(　　)mをこえる箇所で作業を行うときは、原則として、当該作業に従事する労働者が安全に昇降するための設備等を設けなければならない。
　　　イ　1.0
　　　ロ　1.5
　　　ハ　2.0
　　　ニ　2.5

左官

正解表

令和4年度　2級　学科試験正解表
左官（左官作業）

真偽法

番号	1	2	3	4	5
正解	X	○	X	○	○

番号	6	7	8	9	10
正解	○	X	X	X	X

番号	11	12	13	14	15
正解	○	X	○	○	○

番号	16	17	18	19	20
正解	X	○	X	X	X

番号	21	22	23	24	25
正解	○	○	○	X	X

択一法

番号	1	2	3	4	5
正解	ロ	ロ	ロ	ニ	ハ

番号	6	7	8	9	10
正解	ニ	イ	ロ	ロ	イ

番号	11	12	13	14	15
正解	ニ	イ	イ	イ	イ

番号	16	17	18	19	20
正解	ニ	ハ	ニ	ハ	ハ

番号	21	22	23	24	25
正解	イ	ハ	ニ	ロ	イ

令和3年度　2級　学科試験正解表
左官（左官作業）

真偽法

番号	1	2	3	4	5
正解	○	X	○	X	X

番号	6	7	8	9	10
正解	○	X	○	○	○

番号	11	12	13	14	15
正解	X	○	X	X	X

番号	16	17	18	19	20
正解	○	X	X	X	X

番号	21	22	23	24	25
正解	X	X	○	○	○

択一法

番号	1	2	3	4	5
正解	ハ	ロ	ハ	イ	ハ

番号	6	7	8	9	10
正解	イ	ニ	ロ	ロ	ニ

番号	11	12	13	14	15
正解	ニ	ロ	ニ	ハ	ハ

番号	16	17	18	19	20
正解	ハ	イ	ニ	ハ	ハ

番号	21	22	23	24	25
正解	ニ	ハ	ロ	ハ	イ

令和2年度　2級　学科試験正解表
左官（左官作業）

真偽法

番号	1	2	3	4	5
正解	X	○	○	X	X

番号	6	7	8	9	10
正解	○	X	○	X	○

番号	11	12	13	14	15
正解	X	X	X	○	X

番号	16	17	18	19	20
正解	○	○	○	○	X

番号	21	22	23	24	25
正解	○	○	X	X	○

択一法

番号	1	2	3	4	5
正解	ロ	ニ	ロ	ニ	ハ

番号	6	7	8	9	10
正解	ニ	イ	ロ	ロ	イ

番号	11	12	13	14	15
正解	ニ	ニ	ハ	ニ	イ

番号	16	17	18	19	20
正解	ハ	ニ	ニ	ニ	ハ

番号	21	22	23	24	25
正解	ハ	ハ	イ	ロ	ハ

令和4年度　1級　学科試験正解表
左官（左官作業）

真偽法

番号	1	2	3	4	5
正解	○	○	X	X	X

番号	6	7	8	9	10
正解	○	X	○	X	○

番号	11	12	13	14	15
正解	○	X	X	○	X

番号	16	17	18	19	20
正解	X	X	○	X	○

番号	21	22	23	24	25
正解	X	○	X	○	○

択一法

番号	1	2	3	4	5
正解	ニ	ロ	イ	ニ	ハ

番号	6	7	8	9	10
正解	ロ	イ	ニ	イ	ハ

番号	11	12	13	14	15
正解	ニ	イ	ニ	ニ	ロ

番号	16	17	18	19	20
正解	ロ	ハ	ロ	イ	ロ

番号	21	22	23	24	25
正解	イ	ロ	ハ	ハ	イ

令和3年度　1級　学科試験正解表
左官（左官作業）

真偽法

番号	1	2	3	4	5
正解	X	X	○	○	X

番号	6	7	8	9	10
正解	X	X	○	○	○

番号	11	12	13	14	15
正解	○	○	X	X	○

番号	16	17	18	19	20
正解	○	X	X	○	X

番号	21	22	23	24	25
正解	○	X	○	○	X

択一法

番号	1	2	3	4	5
正解	ハ	ニ	ロ	ロ	ハ

番号	6	7	8	9	10
正解	ハ	ハ	ロ	ニ	イ

番号	11	12	13	14	15
正解	ロ	イ	ハ	イ	イ

番号	16	17	18	19	20
正解	ロ	ニ	ロ	ハ	イ

番号	21	22	23	24	25
正解	イ	ロ	ロ	イ	ニ

令和2年度　1級　学科試験正解表
左官（左官作業）

真偽法

番号	1	2	3	4	5
正解	X	O	O	O	O

番号	6	7	8	9	10
正解	O	X	X	O	X

番号	11	12	13	14	15
正解	O	X	O	X	X

番号	16	17	18	19	20
正解	X	X	O	O	X

番号	21	22	23	24	25
正解	X	X	O	O	X

択一法

番号	1	2	3	4	5
正解	ニ	ロ	イ	ロ	ハ

番号	6	7	8	9	10
正解	ニ	イ	ニ	イ	ハ

番号	11	12	13	14	15
正解	ニ	ニ	イ	ハ	イ

番号	16	17	18	19	20
正解	ニ	ハ	ニ	ロ	ロ

番号	21	22	23	24	25
正解	ロ	ハ	ロ	イ	ロ

> ・本書掲載の試験問題及び解答の内容につい
> てのお問い合わせ等には、一切応じられま
> せんのでご了承ください。
> ・試験問題について、都合により一部、編集
> しているものがあります。

令和2・3・4年度

1・2級 技能検定　試験問題集　84　左官

令和5年4月　初版発行

監　修　中央職業能力開発協会

発　行　一般社団法人 雇用問題研究会

〒103-0002　東京都中央区日本橋馬喰町1-14-5 日本橋Kビル2階
TEL　03-5651-7071（代）　FAX　03-5651-7077
URL　https://www.koyoerc.or.jp

印　刷　株式会社ワイズ

223084

ISBN978-4-87563-683-0 C3000